Conflit,

mettre hors-jeu la violence

Les Éditions de la Chronique Sociale se veulent un champ d'expression libre où des pensées et des pratiques sociales différentes peuvent s'exprimer.

Elles ne sont inféodées à aucune institution, parti, Église, syndicat et ne vivent que de leurs productions. Leur orientation est déterminée par ceux qui participent à leur fonctionnement.

Elles souhaitent donner à chaque personne, à chaque organisation, des outils accessibles de connaissance, d'analyse et de compréhension d'elles-mêmes et de la société en évolution.

Chacun pourra s'approprier ces outils et les utiliser tant pour son développement personnel que pour une action collective efficace.

Couverture : Rose-Marie Soutrenon

Responsable des Éditions : André Soutrenon

Correction : Simone Dutey

Composition : Catherine Bigot

Relations avec l'imprimeur : Catherine Bigot

Imprimeur : Imprimerie des Monts du Lyonnais
69850 Saint-Martin-en-Haut

Chronique Sociale, Lyon, Dépôt légal : Mars 1999

Sous la direction de

Bernadette Bayada – Anne-Catherine Bisot
Guy Boubault – Georges Gagnaire

de Non-Violence Actualité

Conflit,

mettre hors-jeu la violence

2e édition

Pédagogie
Formation
l'essentiel

Et la collaboration de :

Jean-Pierre Bonafé-Schmitt
Guy Goujon
Brigitte Liatard et Elisabeth Diaz
Hervé Ott
Eirick Prairat
Véronique Pujervie, Claire Cornet et Stéphanie Pestel
Jean-Jacques Samuel

Chronique Sociale 7, rue du Plat - 69002 Lyon
Tél. : 04 78 37 22 12

Conflit, mettre hors-jeu la violence

Introduction : Conflit, mettre hors-jeu la violence 9

1. Comprendre le conflit 11

- La notion de conflit 11
- Les rôles du conflit 12
- Les types de conflits 13
- Les causes du conflit 14
- L'image du conflit 15
- Le cycle du conflit 16

2. Conflit et violence 19

- Violences quotidiennes 19
- Conflit-violence : la confusion 20
- Violences multiples 20
- Le phénomène du bouc émissaire 22
- Agressivité et violence 22
- Violence et communication 24
- Peur et colère 24
- Briser la logique de la violence 25

3. Relation : l'espace nécessaire 27

- Des êtres de relation 27
- De la fusion... 28
- ... à la séparation 28
- Des espaces intermédiaires 29

4. La communication 31

- Pouvoir se dire 31
- Trop peu de mots 32
- Savoir entendre l'autre 33
- Les conditions de la communication 34
- Apprendre à communiquer 35
- Des techniques d'aide 35

5. La relation éducative 39

- Eduquer, instruire, enseigner 39
- Eduquer c'est libérer 41
- Les modalités de l'action éducative 43

6. L'éducation non-violente 46

- L'autonomie 46
- Lois et règles 47
- Légalité et légitimité 47
- Autorité et autoritarisme 48
- La pédagogie du contrat 48
- La demande de pardon 49
- La confiance en soi 50
- Les qualités d'écoute et de communication 50
- La coopération 51
- La créativité 51
- Questions de temps 52
- Paix et citoyenneté 52

7. De l'éducation à la formation 53

- Être adulte 53
- La relation de formation 54
- L'utilisation du jeu 54
- Un choix de vie 55
- La formation professionnelle 56
- La dynamique de groupe 56
- Communication et relation 57
- La résolution non-violente des conflits 58
- Une histoire riche 58
- La formation... en classe 59

8. La nécessaire sanction 61

- Sanction ou punition ? 61
- Les finalités de la sanction 62
- Les caractéristiques de la sanction éducative 64

9. Les attitudes face au conflit 68

- La négation du conflit 68
- La démission devant le conflit 68
- La réponse violente 69
- L'approche non-violente 70

10. Vers une solution au conflit 73

- Solution complexe... et riche 73
- La "gestion" du conflit 74

• Dialogue, négociation et compromis 75
• Les étapes de la résolution non-violente du conflit 76
• Différents modes de résolution des conflits 77
• L'arbitrage 78
• La conciliation 79
• La médiation 79
• L'exercice d'une contrainte 81

11. L'instant de l'affrontement 83

• Gérer la peur 84
• Se relier 85
• Agir consciemment 86
• S'interroger en profondeur 86
• Le mimétisme 86
• Décoder l'agressivité de l'autre 87
• Introduire un média 88
• Personnaliser la relation 88

12. Prévenir les conflits dans les groupes 90

• La structure des conflits dans les groupes 90
• Instituer la régulation des conflits 91
• Des règles d'expression et une animation suivie 91
• Les rôles et le pouvoir qui y est attaché 92
• Les paramètres de toute responsabilité 92
• Les actes du pouvoir 94
• Pouvoir, autorité et émancipation 96
• Refuser les mécanismes d'exclusion 96

13. Conflit et citoyenneté 98

• La cohésion sociale 98
• L'Etat et la violence 98
• Le rapport à la loi 99
• Les limites de l'institution judiciaire 100
• L'implication des parties en conflit 101
• Renforcer la démocratie 102

Expériences 105

14. Transformer sa pratique d'enseignant 105

• La règle de l'adulte 105
• Il me cherchait... 106

• Révéler le conflit 107
• Dissocier l'acte de la personne 107
• La gabardine fantôme 108
• La gestion du temps 109
• Les rats de bibliothèque 109
• Les réactions au changement 110

15. Organiser la médiation scolaire 112

• Les objectifs du projet 112
• Mise en place du projet 113
• La méthodologie 114
• Le choix des établissements 115
• Mise en place de la structure de médiation 115
• Choix et formation des médiateurs 116
• La formation des adultes 117
• Supervision et évaluation du projet 117
• Les premiers pas de la médiation scolaire 118
• Surmonter les problèmes relationnels 118
• Développer les expériences 119

16. Apprendre à résoudre les conflits 121

• Un programme de formation 121
• Jeux de rôle et exercices 122
• De la classe à la cour 123
• Prévenir la violence 124

***Conclusion* :** Pour une autre culture du conflit 125

Index 130

Bibliographie 132

***Annexe 1* :** L'Education nationale et la résolution non-violente des conflits 135

Annexe 2 : L'Unesco et la culture de paix 137

Annexe 3 : Formation et recherches sur la gestion non-violente des conflits 140
Formation à la médiation 141

Non-Violence Actualité 142

“Il nous faut apprendre à vivre ensemble comme des frères, sinon nous allons périr ensemble comme des imbéciles.”

Martin Luther King,
La seule révolution, Casterman 1968.

“La paix n’est pas, ne peut pas être et ne sera jamais l’absence de conflits, mais la maîtrise, la gestion et la résolution des conflits par d’autres moyens que ceux de la violence destructrice et meurtrière.”

Jean-Marie Muller,
Comprendre la non-violence, Non-Violence Actualité, 1995.

“La guerre n’est que la pitoyable réalité des relations entre les hommes, le signe meurtrier et fracassant de leur impuissance, l’expression aberrante de leur misère.”

Jacques de Bollardière,
Bataille d’Alger, bataille de l’homme, Desclée de Brouwer, 1972.

Remerciements

Nous tenons à remercier particulièrement la Fondation de France, la Fondation Marmotte et la Fondation C.-L. Mayer pour le progrès de l’Homme qui nous ont apporté leur aide dans la rédaction du présent ouvrage.

Conflit, mettre hors-jeu la violence

Dans une société qui vole en éclats sous l'effet du chômage et des tensions engendrées par la situation sociale, les relations dégénèrent de plus en plus en violences. La compétition se généralise à tous les niveaux au détriment des attitudes de solidarité, ce qui a pour conséquence la multiplication des discriminations et des exclusions. Les fractures – morale, sociale, culturelle, politique – gagnent progressivement du terrain. L'entreprise, le quartier, l'école, la famille n'y échappent pas. La tâche du citoyen est de ne céder ni à la tentation de la violence ni à celle du repli sur soi. Prôner une attitude non-violente dans ces circonstances, c'est **rester à l'écoute de la société** ainsi que **rechercher et favoriser toute initiative qui incite au regard critique et propose la distance nécessaire à l'analyse** : comprendre les violences qui émergent, saisir les mécanismes qui les engendrent... mais aussi valoriser les énergies nouvelles et constructives qui peuvent contenir sinon éliminer ces pulsions destructrices. Les recherches et les expérimentations sur la régulation des conflits, la prévention de la violence, la négociation, la médiation... sont quelques-unes des pistes à explorer aussi bien dans le domaine des relations interpersonnelles que dans celui des rapports sociaux ou internationaux.

Si l'on sait proposer une communication respectueuse de soi et de l'autre ainsi qu'une démarche résolument coopérative comme moteurs de la relation, alors la violence ne constituera plus la seule attitude possible dans nos confrontations quotidiennes. Il ne faut pas non plus oublier les formidables potentialités de l'action non-violente comme moyens de défendre des droits bafoués ou non reconnus. Dans cette perspective, nous pouvons dégager deux axes majeurs d'une action sociale qui favorise la paix et la démocratie : **maîtrise de la violence**, d'une part et **approche constructive du conflit**, d'autre part.

Réduire la violence ce n'est pas réduire le conflit, ou le nier, c'est élaborer des méthodes qui aident à la résolution positive des conflits. Lorsque l'on affirme que les parties en présence peuvent en tirer un bénéfice réciproque, il ne s'agit pas, bien sûr, de mettre sur un pied d'égalité agresseur et agressé. Sanction et réparation ne peuvent être à aucun prix sacrifiées sur l'autel d'une apparente réconciliation. Il n'y a pas de solution "positive" qui ne passe d'abord par le **respect** et le **renforcement de la justice**.

Face aux risques d'explosion de violence dûs aux problèmes économiques non résolus ou ignorés, il est urgent que les acteurs sociaux – traditionnels (syndicats et patronat) ou plus récents (mouvements de citoyens, associations de chômeurs, de consommateurs, de défense de l'environnement, etc.) – se concertent pour inventer, ensemble, une nouvelle approche de la gestion des conflits. Le "dialogue social", fondé le plus souvent sur l'affrontement symétrique de deux forces antagonistes a montré ses limites quant à l'objet même des conflits : à savoir la sauvegarde de l'emploi. D'autres méthodes de négociation et d'action peuvent permettre de sortir de la violence et d'avancer vers des propositions constructives. **Apprendre à négocier** différemment pour défendre ses intérêts, entendre sinon comprendre les intérêts de la partie adverse, s'en tenir strictement à l'objet du conflit sans dévier sur les questions de personnes, faire intervenir une tierce partie pour **dégager un espace de dialogue**... voilà des propositions qui seraient susceptibles de modifier les rapports sociaux dans le combat pour la défense des droits et des libertés. Dans une société à la recherche de nouveaux repères et de lien social, les processus de régulation des conflits sont indispensables à une expression des rapports de forces sans dérapage dans la violence.

L'éducation à l'approche non-violente des conflits devient une priorité pour sortir du champ de la violence et aller vers un monde plus "civilisé". La violence est trop souvent considérée comme une fatalité... voire comme une réaction nécessaire ou légitime. Il y a des idées toutes faites qu'il est difficile de combattre tant elles font partie de notre comportement, de notre culture. Promouvoir une culture de la non-violence, c'est **promouvoir une autre culture du conflit**. C'est aussi l'enjeu majeur d'une éducation à la paix telle que nous la comprenons et telle que la défendent les institutions internationales. Pour cela, il est utile et urgent de **proposer des outils de réflexion et d'expérimentation** adaptés à la classe, à la famille, au centre social ou à l'association de quartier, domaines que nous avons privilégiés dans cette étude. Il est possible d'en dégager des éléments qui s'appliquent aux relations dans l'entreprise aussi bien qu'aux rapports entre les Etats de la planète.

1. Comprendre le conflit

1

On parle couramment de "conflit" pour exprimer des notions fort variées : désaccord, antagonisme, discorde, lutte, opposition, tiraillement, conflagration, guerre... Ces mots ne sont pourtant pas tous synonymes. En latin, conflictus *signifie affrontement, heurt (de* confligere, *"heurter"). C'est le résultat de l'interférence entre forces opposées, qu'il s'agisse de divergence de besoins, d'intérêts ou de valeurs. Plus simplement, on peut dire que le mot "conflit" exprime un* ***désaccord*** *entre deux ou plusieurs parties, personnes ou groupes, lorsque ce désaccord est vécu par l'une ou l'autre des parties comme un* ***rapport de forces****. Si un conflit est toujours le signe d'un désaccord, un désaccord n'évolue pas systématiquement en conflit.*

• La notion de conflit

Le sens courant le plus ancien est plutôt négatif et lié à une certaine violence – on imagine volontiers que les personnes en viennent aux mains – et à un certain échec – s'il y a conflit, c'est qu'il y a mauvais fonctionnement. Ultérieurement, le conflit a pris un sens plus juridique de **contestation** (conflit social, par exemple). Pour compléter l'énumération initiale, il convient d'ajouter les notions de "tension" et de "crise" qui apportent des références à la fois physiques (un conflit met en jeu beaucoup d'énergie) et biologiques (ensemble des réactions du corps humain provoquées par un conflit).

Le conflit a été longtemps considéré comme un **dérèglement**. Dans son histoire du conflit, Jacques Ardoino le précise : "Bien que le psychologue ait été assez vite averti, professionnellement, de la réalité et de l'importance du conflit, dans le jeu des relations humaines et sociales, il lui faudra attendre longtemps pour parvenir à s'en donner une intelligence plus fine et, par conséquent, plus riche. Il aura été notamment nécessaire de briser le cadre étroit des approches psycho-pathologiques dans lequel on cantonnait, jusque-là, le conflit, l'agression et la violence. Finalement, le juriste, le sociologue, l'économiste, l'historien, après le moraliste, l'ont largement précédé quant à l'intuition du caractère tout à fait normal de tels phénomènes. Avec les apports des psychologies [...], le caractère conflictuel des relations apparaî-

1. Comprendre le conflit

On parle couramment de "conflit" pour exprimer des notions fort variées : désaccord, antagonisme, discorde, lutte, opposition, tiraillement, conflagration, guerre... Ces mots ne sont pourtant pas tous synonymes. En latin, conflictus *signifie affrontement, heurt (de* confligere, *"heurter"). C'est le résultat de l'interférence entre forces opposées, qu'il s'agisse de divergence de besoins, d'intérêts ou de valeurs. Plus simplement, on peut dire que le mot "conflit" exprime un* ***désaccord*** *entre deux ou plusieurs parties, personnes ou groupes, lorsque ce désaccord est vécu par l'une ou l'autre des parties comme un* ***rapport de forces****. Si un conflit est toujours le signe d'un désaccord, un désaccord n'évolue pas systématiquement en conflit.*

• La notion de conflit

Le sens courant le plus ancien est plutôt négatif et lié à une certaine violence – on imagine volontiers que les personnes en viennent aux mains – et à un certain échec – s'il y a conflit, c'est qu'il y a mauvais fonctionnement. Ultérieurement, le conflit a pris un sens plus juridique de **contestation** (conflit social, par exemple). Pour compléter l'énumération initiale, il convient d'ajouter les notions de "tension" et de "crise" qui apportent des références à la fois physiques (un conflit met en jeu beaucoup d'énergie) et biologiques (ensemble des réactions du corps humain provoquées par un conflit).

Le conflit a été longtemps considéré comme un **dérèglement**. Dans son histoire du conflit, Jacques Ardoino le précise : "Bien que le psychologue ait été assez vite averti, professionnellement, de la réalité et de l'importance du conflit, dans le jeu des relations humaines et sociales, il lui faudra attendre longtemps pour parvenir à s'en donner une intelligence plus fine et, par conséquent, plus riche. Il aura été notamment nécessaire de briser le cadre étroit des approches psycho-pathologiques dans lequel on cantonnait, jusque-là, le conflit, l'agression et la violence. Finalement, le juriste, le sociologue, l'économiste, l'historien, après le moraliste, l'ont largement précédé quant à l'intuition du caractère tout à fait normal de tels phénomènes. Avec les apports des psychologies [...], le caractère conflictuel des relations apparaîtra tout autant constitutif et créateur du sujet, de son identité, occasion de son développement, qu'expression de désordres individuels ou sociaux [1]."

La langue chinoise souligne d'ailleurs l'**ambivalence du mot** "conflit" : les caractères qui composent ce mot signifient à la fois "danger" et "opportunité", exprimant nettement la dualité, le fait que le conflit peut être destructeur ou constructif selon la manière dont il est géré [2].

• Les rôles du conflit

Une "approche non-violente" ne présuppose pas un monde sans conflits. Ce n'est pas non plus l'objectif qu'elle recherche. L'action non-violente s'inscrit dans le processus même de la gestion des conflits. La non-violence considère que le conflit est au cœur des relations entre personnes et entre groupes humains. L'une de ses fonctions est de **permettre la construction de relations plus justes**, en faisant valoir et progresser les droits de chacun. Le conflit sert aussi à **réaffirmer la loi** quand il y a eu transgression ou menace de transgression. Enfin, pour l'enfant **le conflit est source de développement**. Pour une part, l'enfant se pose en s'opposant. La psychanalyse nous a apporté des éléments de compréhension sur le rôle des conflits psychiques, sur l'importance des conflits entre enfants et parents, notamment le célèbre "complexe d'Œdipe".

Le développement de la personnalité de l'enfant est, dans une large mesure, stimulé par les relations conflictuelles qu'il vit avec ses pairs. Il ne découvre son individualité qu'en faisant l'expérience d'autrui, expérience qui est aussi celle de la réciprocité et de la socialisation. Ce dernier terme englobe non seulement l'aptitude à la reconnaissance de l'autre mais plus largement la capacité à coopérer [3]. Freud, Wallon, Piaget et d'autres ont tous, à leur manière, montré l'importance du conflit dans la construction de la personnalité. "Une grande partie des rages et des crises de colère de la petite enfance, écrit Winnicott [4], tourne autour de cette lutte décisive entre la réa-

---

1 "Le conflit : évolution de sa représentation et de son statut, approche multiréférentielle", Jacques Ardoino, article publié dans *Conflits, Origines, évolutions, dépassements*, sous la direction d'Armand Touati, Co-éd. Hommes et Perspectives et Le Journal des Psychologues, 1990.

2 "Conflit : danger ou chance à saisir", dans *La Médiation*, Non-Violence Actualité, Montargis, 1993. Sur le sens du mot "conflit" en chinois, on pourra lire également *Playing with fire*, Nic Fine et Fiona Macbeth, Youth Work Press, 1992.

3 "Genèse du conflit", Eirick Prairat, dans *Pour une éducation non-violente*, page 44, Non-Violence Actualité, Montargis, 1994 (2e édition).

4 *L'enfant et sa famille*, D.W. Winnicott, Petite Bibliothèque Payot, cité par Eirick Prairat dans "Genèse du conflit", *Pour une éducation non-violente*, op. cit. page 43.

Si le conflit interpersonnel se situe d'abord sur le terrain psychologique et psycho-sociologique, le conflit social est en priorité l'expression de rapports de forces. Dans la réalité, il y a interférences entre ces différents types de conflits mais il convient de ne pas les mélanger, ni dans leur description, ni dans la recherche de solutions. Nul doute que le conflit social met lui aussi en jeu des tensions et des passions qu'il convient de prendre en compte dans la gestion et la résolution [5].

• Les causes du conflit

Les causes des conflits semblent aussi variées que le champ de l'activité humaine : économique, politique, social, ethnique, culturel... En fait, nous pouvons considérer trois grands ensembles qui englobent les différents éclairages que nous venons de citer : les conflits de besoins, les conflits d'intérêts et les conflits de valeurs. Cette distinction reste théorique. Il est rare qu'un conflit soit exclusivement centré sur l'une ou l'autre de ces catégories, mais il y a souvent cependant une dominante qui permettra de classer le conflit préférentiellement dans tel ou tel groupe.

Les conflits les plus simples sont les **conflits de besoins**, à propos d'objets précis. Il y a ensuite les **conflits d'intérêts** qui mettent en jeu des facteurs psychologiques : ils touchent aux questions de pouvoir, de sentiment, d'appartenance... Les conflits d'intérêts sont à la fois plus difficiles à cerner, à exprimer, et plus difficiles à régler que les conflits de besoins.

Enfin, les **conflits de valeurs** touchent au plus profond de l'individu, à son système de croyances. "Chacun de nous étant un être spécifique, écrit Charles Maccio, notre expression ne sera pas identique à celle d'autrui, nous allons donc nous trouver en face de plusieurs points de vue ou d'expressions différentes [6]." Et Jean-Marie Muller va jusqu'à considérer que : "L'autre est celui dont les désirs s'opposent à mes désirs, dont les ambitions se dressent contre mes ambitions, dont les projets contrarient mes projets, dont les droits empiètent sur mes droits [7]." L'autre n'est pas pour autant le mal absolu car c'est précisément au travers de cette relation conflictuelle que je le reconnais dans sa différence et que je m'affirme comme individualité. La confrontation est en général facteur d'échanges et de richesses. Elle ne devient source

---

5 On pourra lire à ce sujet : *La peur, la haine et la démocratie – Introduction à une thérapie sociale*, Charles Rojzman, Epi/Desclée de Brouwer, Paris, 1992.

6 Charles Maccio, *Autorité, pouvoir, responsabilité*, Chronique Sociale, Lyon, 1991.

7 Jean-Marie Muller, *Comprendre la non-violence*, Non-Violence Actualité, Montargis, 1995, page 11.

de violences que lorsque le conflit n'est pas pleinement assumé ou que les moyens pour le résoudre de façon constructive ne sont pas suffisamment maîtrisés.

Les conflits de valeurs sont certainement les plus complexes alors que nous continuons de les aborder de façon archaïque, comme le pense Edward De Bono : "Nous sommes conscients du fait que la civilisation est la somme de nos croyances, de nos valeurs et de nos principes. Nous sommes également conscients du fait que si, au nom du pragmatisme, nous composons avec ces croyances, valeurs et principes, nous ouvrons la porte à toutes sortes d'horreurs. L'horreur naît de l'acceptation du principe que 'la fin justifie les moyens", principe utilisé pour justifier les pires violences [8].' C'est ce qui amène l'auteur à prôner un **principe de cohérence entre la fin et les moyens** et à faire appel à des méthodes plus imaginatives pour aborder autrement les conflits de valeurs.

Résoudre un conflit de besoins ou d'intérêts nécessitera de parvenir à un compromis acceptable par les différentes parties. Résoudre un conflit de valeurs ne signifiera pas pour autant renier ses propres valeurs ou en changer mais essayer de comprendre celles de l'autre (dimension interculturelle) à condition qu'elles soient respectueuses de l'Homme, de ses droits et libertés.

• L'image du conflit

Au-delà de ces définitions qui permettent de donner un premier contour à la notion de conflit, il convient d'insister sur le contenu éminemment affectif de ce mot. Chacun a en effet une appréhension personnelle du conflit et l'image qu'il en a va orienter très fortement son attitude et les sentiments qu'il ressent lorsqu'il se trouve lui-même en situation. Le conflit est chargé d'un lourd ***a priori* négatif** pour la plupart des individus. Les sentiments qui sont le plus couramment associés au conflit sont l'hostilité, la colère, la haine, la violence, entraînant tout à la fois peur, stress, souffrance, angoisse... Ils s'enracinent dans l'expérience que chacun a pu faire du conflit dès son plus jeune âge. Et l'héritage culturel vient souvent conforter cette image. Les **réalités vécues** dans notre entourage – parents, enseignants, voisins, médias – influencent notre approche du conflit, notre regard sur les relations entre individus et nos sentiments sur la société elle-même.

Avoir une image totalement négative du conflit peut conduire à rêver d'un monde aseptisé d'où le conflit aurait disparu, ce qui est, au mieux, une douce

---

8 Edward De Bono, *Conflits : vers la médiation constructive*, InterEditions, Paris, 1988.

illusion et, au pire, la perspective dangereuse d'une société totalitaire, sécuritaire et ultra-hiérarchisée. Ainsi que le souligne Thomas Gordon à propos des rapports hiérarchiques et des conflits qui en résultent : "Les conflits deviennent pour la plupart des gens des luttes pour le pouvoir dans lesquelles il y a un gagnant et un perdant. Inévitablement, les relations en souffrent. Cette expérience négative presque universellement vécue, s'explique facilement. D'un bout à l'autre de leur vie, dans la plupart des relations, les gens ont employé (ou ont été victimes) des méthodes gagnant-perdant pour résoudre un conflit [9]." Nous savons que ces situations de violence déclenchent souvent d'autres violences en retour : violences des personnes qui sont niées ou brimées... quand ce n'est pas le retournement vers soi des violences subies. C'est pour elles le besoin de se faire reconnaître et d'affirmer, au-delà du déni dont elles sont victimes, qu'elles existent avec leur vérité. **Approche négative et image négative transforment inévitablement le conflit de besoins en conflit de personnes**. Violence de la situation d'injustice, violence de la réaction des victimes, violence de la répression... C'est ainsi que la spirale de la violence accompagne généralement le déroulement du conflit. Seule une approche constructive permettra de faire émerger **une nouvelle image du conflit**.

• Le cycle du conflit

Quelle est l'image que nous avons du conflit ? Quelles sont les appréhensions, les peurs, les expériences que nous en avons ?... C'est à ces questions qu'il nous faudra d'abord répondre pour espérer rompre le cycle traditionnel, souvent négatif. D'autant que l'image que nous avons du conflit et de sa gestion est renforcée par les médias où la violence est souvent la seule voie présentée. Face à un conflit, notre réaction (peurs, blocage, silence, fuite, affrontement...) est façonnée par ces images, ces appréhensions et ces expériences emmagasinées. C'est ainsi qu'un conflit de besoins, qui pourrait par un compromis être résolu comme tel, dégénère inévitablement en conflit de personnes. Lequel, chargé d'angoisse et de ressentiment, nous confortera dans notre attitude de rejet, dans une perception négative du conflit. Nos idées toutes faites se trouvent ainsi renforcées et le schéma peut se perpétuer.

Si je veux rompre ce cycle négatif, plusieurs facteurs doivent être réunis. Tout d'abord, **je dois accepter de m'interroger** sur ce qui favorise l'escalade du conflit ou, au contraire, contribue à l'apaiser : comment faire pour

9 Thomas Gordon, *Cadres et dirigeants efficaces*, Belfond, Paris, 1990.

éviter la violence ? comment maîtriser ma peur, mon stress ? est-ce qu'on avance vers une vraie solution ?... Il faut également que j'affiche clairement ma volonté de trouver une nouvelle approche et mon intention de rechercher des outils efficaces pour y parvenir. Alors seulement, je pourrai espérer modifier sensiblement ma façon de gérer le conflit et par là même l'image que j'en ai.

C'est en apprenant à identifier **les logiques du conflit** et à **construire des modes d'intervention adaptés** que je peux comprendre que le conflit n'est pas par nature destructeur et aliénant. C'est la façon de le gérer qui lui donnera une valeur constructive ou destructrice.

De plus, selon l'issue, les antagonistes vont s'en trouver grandis, sécurisés ou au contraire diminués et déstructurés : la manière d'aborder le conflit est essentielle. Différents comportements favorisent une approche et une résolution constructives : la confiance en soi et en l'autre, les capacités d'expression, d'écoute, la coopération, la créativité...

Au-delà de la famille, il appartient à l'école d'être le lieu privilégié de cet apprentissage. Comment éviter la reproduction des phénomènes de violence si l'on ne travaille pas à en supprimer les causes ?

Détruire l'image destructrice du conflit ne doit pas pour autant conduire à l'idéaliser. Le conflit fait partie de la relation humaine et il est parfois nécessaire. Les injustices socio-économiques, par exemple, qui sont la cause de nombreux conflits, doivent être combattues. La progression de la justice sociale, le partage et le contrôle du pouvoir dans les groupes, la gestion coopérative des classes sont des démarches qui, en s'appuyant sur le respect des droits de chacun, favorisent la meilleure **prévention des conflits**, non par leur négation mais par la disparition de leurs causes. Le risque existe de vouloir nier le conflit au nom d'une prétendue paix sociale. "Le management est particulièrement riche de ce type d'attente, oubliant, dans son parti-pris fonctionnaliste, que le conflit suppose encore, pour une négociation qui ne se laisse pas réduire aux faux-semblants de la concertation ni aux pièges du consensus, une intelligence du politique [10]." L'approche non-violente ne vise donc pas à camoufler ou à justifier l'injustice pour désamorcer le conflit inhérent à celle-ci, mais au contraire à le **révéler derrière les violences** et à tenter de le résoudre de façon positive et dynamique.

10 Jacques Ardoino, dans *Conflits, Origines, évolutions, dépassements*, op. cit., page 77.

C'est en apprenant à identifier ***les logiques du conflit*** *et à* ***construire des modes d'intervention adaptés*** *que l'on comprend que le conflit n'est pas par nature destructeur et aliénant. C'est la façon de le gérer qui lui donnera une valeur constructive ou destructrice. L'approche non-violente ne vise pas à camoufler ou à justifier l'injustice pour désamorcer le conflit inhérent à celle-ci mais au contraire à le* ***révéler derrière les violences*** *et à tenter de le résoudre de façon positive et dynamique.*

2. Conflit et violence

2

A travers l'actualité et les faits divers, la violence occupe une grande partie de notre espace. Nous sommes cernés par la violence... c'est en tout cas le sentiment que nous éprouvons. Si nous n'y sommes pas directement confrontés, nous en entendons parler.

Le contexte national et international intervient pour beaucoup dans cette perception. Combien d'attentats, de génocides, de guerres, d'exodes, d'exclusions diverses sont banalisés et présentés comme mode inévitable de règlement des conflits.

• Violences quotidiennes

Les conséquences du contexte économique et social renforcent chaque jour la fracture sociale et semblent, sinon justifier, du moins expliquer la rancœur d'un nombre de plus en plus important de nos concitoyens, leur sentiment d'injustice et le cri de leur révolte désespérée. "L'absence totale de perspectives d'avenir pour un certain nombre de jeunes parmi les plus défavorisés ne peut que légitimer leurs conduites asociales [1]." Soulignons aussi l'infiltration dans l'école et l'ensemble des activités associatives, culturelles et sportives, dont nous savons qu'elles composent l'environnement proche ou lointain de l'enfant, de comportements ou de paroles incitant à la violence.

Dans le domaine des sports, par exemple, les enfants sont témoins en permanence de gestes antisportifs et de débordements de violence dans les manifestations excessives en cas de victoire ou d'échec. Comment s'étonner alors que certains d'entre eux présentent des comportements violents sur le terrain !

Dans cet environnement qui semble se dégrader, les médias jouent un rôle ambigu. La surmédiatisation de la violence nous fait prendre conscience de son ampleur en même temps qu'elle l'amplifie à outrance. Mais la manipulation des images et des sons, le choix de privilégier au quotidien les faits divers morbides et les photos sanglantes plutôt que les actions de solidarité participent à une inflation du phénomène. La **banalisation de la violence**

---

1 P. Chaillou, *Violence des jeunes, l'autorité parentale en question*, Gallimard, Paris, 1995. Lire également Eric Debarbieux, *La violence en milieu scolaire – Etat des lieux*, ESF, Paris, 1996.

est suscitée de manière explicite par les médias qui présentent partiellement et irrégulièrement les conflits en ne retenant que les images à sensation. Elle est aussi entretenue de manière implicite par le **silence** et la **démission** des gouvernements occidentaux devant les crises internationales. Elle se fait surtout par cet amalgame souvent pratiqué entre le conflit et la violence.

• Conflit-violence : la confusion

Il est essentiel de distinguer clairement les deux notions, de mieux cerner ce qu'est la violence et de découvrir les aspects positifs et structurants du conflit. En entretenant la confusion entre conflit et violence, la société condamne les auteurs de violence mais élude soigneusement les problèmes qu'ils dénoncent par leur geste. **Derrière chaque acte violent se cache un conflit latent ou exprimé** qu'il faut décrypter si l'on veut tenter de rendre justice et d'avancer vers des solutions.

Le premier objectif d'une approche non-violente sera de révéler le conflit au milieu de ce qui n'apparaît d'abord que comme un "climat de violence" ou des "comportements violents" que l'on aimerait faire taire. La **violence des individus** – isolés ou regroupés – est souvent celle qui est mise en lumière par les médias ou l'opinion publique et dont chacun(e) a conscience. On parle moins de la violence de l'Etat qui pourtant existe à travers le mauvais fonctionnement de certaines institutions, ou les réponses – absentes ou inadaptées – apportées à des situations économiques et sociales intolérables. Cette **violence légale**, normalisée, liée au pouvoir, se cache sous d'autres noms : justice, autorité...

Il faut identifier les problèmes qui peuvent être à l'origine des violences. Pour autant, "il ne s'agit pas de supprimer les divergences, les oppositions, les conflits, mais de les résoudre ou de les faire évoluer sans recours à la violence. Cela s'étudie, cela s'apprend, cela fait l'objet de recherche [2]."

• Violences multiples

Il n'y a pas une mais des violences. La violence revêt des formes multiples et complexes (physique, psychologique, culturelle, économique, structurelle...) et des modes d'expression ambivalents, contradictoires, qu'il faut

---

2 Albert Jacquard, *Les violences. Agressivité, violences : fait de nature ou fait de société ?* Symposium "Education à la paix", Bruno Leprince Editeur, 1995, page 6. L'Unesco a publié sur cette question *La Déclaration de Séville sur la violence* (lire en annexe).

savoir repérer et prendre en compte. Elle s'inscrit dans une réalité sociale qui influence largement les situations : le **chômage**, les difficultés économiques, la complexité des démarches, l'illettrisme, l'absence de lieux d'échanges. L'école peut apparaître comme un exemple de violence institutionnelle. N'étant plus synonyme de promotion sociale, elle a perdu une partie de son sens. Pas toujours lieu d'accès aux savoirs et au pouvoir qu'ils engendrent, elle n'est pas non plus ce lieu de plaisir, de découvertes, d'expérimentations et de socialisation que nous aimerions qu'elle soit.

Parmi les **violences institutionnalisées** que nous connaissons dans notre pays, l'urbanisation trop rapide et mal pensée entraîne de lourdes conséquences : concentration de population, manque d'espace vital, absence quasi-totale d'insonorisation... Certaines banlieues évoluent vers des "ghettos". L'absence de travail retire une raison de sortir de son quartier. Naît alors un sentiment d'enfermement, un désapprentissage progressif de la mobilité physique. La fragilité psychologique s'accentue, le sentiment d'exclusion aussi. Lorsque les états de violences deviennent à ce point manifestes, les risques de violences sont de plus en plus présents. La conscience confuse ou explicite de l'impossible issue entre l'exacerbation des désirs et le non-travail, entre les revenus inaccessibles et l'accès à la consommation, génère des angoisses facteurs d'instabilité affective et comportementale. La "fracture sociale" n'est pas un vain mot. Il y a urgence sociale à s'attaquer à ces problèmes pour y apporter des solutions en profondeur.

Les **violences structurelles**, si elles sont nombreuses, silencieuses et difficiles à faire évoluer parce que multidimensionnelles, ne doivent pas nous faire oublier les violences devenues banales parce que diverses et quotidiennes, souvent d'**ordre psychologique** : violation du droit à la différence, éducation sexiste, brimades et vexations par un supérieur hiérarchique.

La violence n'est pas sans rapport avec l'exclusion. Les deux sont liées et souvent d'**ordre symbolique**. Ainsi l'enfant en situation d'échec tend à renforcer par son comportement l'exclusion qu'il subit. Il a de lui une image très dévalorisée. En utilisant la violence, il développe cette image négative. Il s'installe le plus souvent dans un rapport fataliste à l'échec. Comme pour le bouc émissaire, le phénomène de l'échec s'entretient et se renforce. L'exclusion a de multiples visages, tant dans ses causes que dans ses conséquences : sociale, économique, culturelle, physique, structurelle. Mais tous les processus d'exclusion sont interdépendants. La ville, ce lieu de tous les possibles (travail, loisirs, relations, solidarité, etc.) est en même temps une énorme machine à exclure. Les biens de consommation partout présents dans la rue, au supermarché, dans les publicités restent souvent inaccessibles et sont l'objet de toutes les frustrations et de toutes les tentations.

• Le phénomène du bouc émissaire

La désignation d'un bouc émissaire dans un groupe est une forme de violence, plus ou moins larvée, toujours destructrice pour celui ou celle qui en est la victime. Au-delà des coups ou des agressions diverses, ce sont sa personnalité et l'image de lui-même qui sont mises en causes par le regard rejetant des autres. La personne prise comme bouc émissaire y perd toute confiance en elle et se construit sur du négatif. Le reste du groupe trouve commode de concentrer son agressivité violente sur une personne et de focaliser sur elle toutes les images dévalorisantes dont il peut être lui-même l'objet.

C'est tout un équilibre qu'il faut détruire puis reconstruire pour libérer les uns et les autres de ces rapports dominants/dominés. Le dominé doit retrouver le besoin de résister, voire de se révolter après avoir pris conscience du fait que sa passivité entretient l'attitude des autres. Il lui faut s'affirmer face au groupe, accepter un éventuel conflit, sortir de l'image négative dans laquelle il est enfermé.

Il faut aussi que les autres personnes prennent du recul par rapport aux phénomènes de groupe, se démarquent des sentiments collectifs pour affirmer les leurs. Il n'est pas toujours possible de permettre à un bouc émissaire de retrouver sa place, surtout lorsque son exclusion est déjà enracinée. Le temps est alors un facteur déterminant : il faut savoir préparer, et attendre, le moment où, d'un côté ou d'un autre, les choses seront suffisamment mûres. Citons par exemple cette élève qui demande un matin à son professeur de pouvoir s'adresser à la classe, pour dire que depuis deux ans on se moque d'elle, et que maintenant, elle en a assez, qu'elle a le droit d'être heureuse à l'école. Sa sincérité, son émotion, son courage, sont perçus par ses camarades, et le message passe. Mais si le conflit qui l'opposait au reste du groupe-classe a pu se résoudre, c'est aussi parce que l'enseignant concerné était en situation d'écoute, que l'expression de chacun était possible, autorisée, reconnue.

• Agressivité et violence

L'usage du terme "violence" connaît depuis quelques années un développement exponentiel et l'absence de rigueur caractérise son utilisation. La confusion de vocabulaire entre conflit et violence n'est pas la seule rencontrée. On mélange souvent violence et agressivité. Dans le langage courant, le terme "agressivité" véhicule une connotation négative. On va qualifier d'impertinence ou d'attitude agressive la simple audace d'un regard franc, d'une réaction verbale. Pourtant **l'agressivité peut être positive**. C'est une **force qui permet à chacun de s'affirmer**. Elle donne le courage de s'exprimer, de se faire reconnaître et par là même de se structurer. Elle s'appuie sur le développement de l'esprit critique, de la personnalité, profite au plein épanouissement des potentialités. Elle est indispensable à la construction de l'autonomie. Sans agressivité, le comportement sera plutôt la fuite devant les menaces, la résignation, la soumission, la paralysie et la peur. Au contraire, l'agressivité peut générer une énergie et une vitalité positives qui donnent le courage de nommer puis de maîtriser ses peurs. Que l'on se souvienne du long travail de Martin Luther King auprès de la communauté noire des Etats-Unis pour réveiller son agressivité, révéler la dignité de la personne. Ce n'est qu'après la **prise de conscience de l'injustice** et de la **nécessité de réagir** que l'on peut entreprendre le travail de maîtrise de la violence.

Certains préfèrent parler de "combativité" pour désigner ces comportements qui nous amènent à utiliser notre potentiel d'agressivité à des fins constructives [3].

Quand l'agressivité n'est pas exprimée ou maîtrisée, il y a risque de dégénérescence vers la violence. La violence est un processus qui conduit implicitement ou explicitement, directement ou indirectement, à la destruction morale ou physique de l'autre. C'est une force destructrice qui déshumanise autant son auteur que sa victime. "Toute violence est un viol de la personne : le viol de son identité, de ses droits, de son corps. La violence fondamentale est celle des situations d'injustice qui maintiennent des êtres humains dans des conditions d'aliénation et d'oppression. Le plus souvent, c'est cette violence de l'injustice qui provoque l'action violente par laquelle l'opprimé tente de se libérer du joug qui pèse sur lui [4]."

Il est donc nécessaire d'être à l'écoute pour percevoir l'injustice qui a été à l'origine de l'acte violent : entendre le cri des jeunes révoltés par l'institution scolaire qui ne leur fait que peu de place et leur réserve peu d'avenir ; entendre le grondement des mutins de telle ou telle prison qui n'acceptent plus les conditions inhumaines de leur incarcération et notamment la surpopulation. Un travail avec les principaux de collèges ou les gardiens de prison ne peut se faire que dans un second temps, lorsque l'on est en mesure d'expliquer et de comprendre les gestes de désespoir. La répression ne pourra qu'augmenter l'exaspération et les risques d'escalade. **La violence est toujours une spirale, une escalade qui risque d'être sans fin**. La non-violence nous amène à rompre avec ces violences, à casser l'engrenage. Au-delà de la spirale, se pose la question de la cohérence. Comment justifier l'utilisation de moyens et de comportements que l'on réprouve chez l'autre ?

---

3 Jacques Semelin, *Pour sortir de la violence*, Editions de l'Atelier, Paris, 1983.

4 Jean-Marie Muller, *Lexique de la non-violence*, IRNC/Alternatives Non-Violentes n°68, 1988.

Si je gifle un enfant qui a fait quelque chose de répréhensible, je lui prouve que la violence est quelque chose de bien, pourvu qu'on soit le plus grand et le plus fort. Si je tape mon enfant en lui disant : "Arrête de taper ta sœur !", je ne suis ni crédible ni cohérent...

• Violence et communication

La violence est non seulement une dégénérescence de l'agressivité mais aussi un **dysfonctionnement de la communication**. La violence est un substitut au dialogue : "Quand il n'est plus possible de parler ni de comprendre, quand on ne veut plus subir, alors naît la violence pour affirmer encore qu'on existe [5]." La communication indispensable entre deux êtres, entre deux communautés, entre deux peuples, souffre de tous les aléas liés à l'émetteur (personne qui émet le message) et au récepteur (personne qui reçoit le message). Elle est dépendante des émotions, des préjugés, des incertitudes. Denise Van Caneghem a mis en évidence le **rapport dialectique qui existe entre l'agression et la communication** : "La ritualisation de l'agression engendre la communication mais en même temps la communication suppose une bonne régulation des agressions. Car, communiquer ce n'est pas d'abord échanger des messages sous forme d'énoncés clairs et définis ; c'est, avant tout cri ou parole, diminuer une incertitude anxiogène entre l'émetteur et le récepteur qui ne connaissent pas leurs mutuelles intentions [6]."

Toute situation nouvelle provoque des émotions, des sentiments. Les nier, c'est chercher à effacer aussi l'existence de ceux de la personne adverse. C'est se fermer la possibilité de la comprendre puisque l'on ne peut plus se mettre à sa place. C'est risquer également de poser des actes violents sans même s'en rendre compte : tout ce qui nous fait sensible, nos possibilités de vibrer, de trembler, de rire ou de pleurer, sont enfermés dans un carcan !

• Peur et colère

La peur fait partie de ces sentiments. Mauvaise conseillère si on agit sous son emprise, elle devient perturbatrice si l'on nie son existence. Chacun est aux prises avec des événements qui déclenchent la peur. "Ce sentiment est souvent perçu par les autres, mais nous avons appris à le masquer, à le

---

5 Jacques Semelin, op. cit., page 44.

6 In Jacques Semelin, op. cit., page 26.

maquiller, à paraître calme et fort, au point de ne plus l'identifier lorsque nous agissons sous son pouvoir. A ce jeu, nous nous privons de repères utiles pour comprendre les relations et trouver de bonnes stratégies pour agir [7]."
La peur est utile.

La colère est elle aussi une émotion inévitable qui se déclenche naturellement. Elle fournit une énergie qui, si elle est canalisée correctement, n'est pas nécessairement néfaste. Alice Miller, qui a beaucoup travaillé sur la colère, a montré le lien entre colère rentrée et violence. "Un sujet qui peut comprendre sa colère comme faisant partie intégrante de lui-même ne devient pas violent. Il n'éprouve le besoin de frapper l'autre que dans la mesure où précisément il ne peut pas comprendre sa fureur, parce qu'il n'a pas pu se familiariser avec ce sentiment dans la petite enfance, qu'il n'a jamais pu le vivre comme faisant partie de lui-même ; parce que c'était totalement impensable dans son environnement [8]." Ces familles où, sous couvert de morale et d'éthique, la répulsion pour la violence empêche toute manifestation d'agressivité et de colère, préparent le nid à de terribles explosions de violence.

• Briser la logique de la violence

Dans la propagation des comportements violents, le rôle des médias est ambigu. Outils d'information, de diffusion, ils peuvent apparaître parfois comme servant la cause des responsables d'attentats, des responsables d'idées racistes. La télévision, en particulier, ne se soucie guère de l'**éducation du public** ou de la **formation à l'esprit critique du téléspectateur**. Comme l'explique Liliane Lurçat "le rapport médiatisé au réel favorise l'habitude de croire plutôt que d'analyser et de chercher à comprendre : l'image porte en elle sa propre crédibilité, sans que la référence à une quelconque réalité extérieure soit nécessaire... L'attitude critique n'est pas en éveil [9]." Certaines recherches voudraient prouver que la télévision peut avoir un rôle cathartique et bienfaiteur. Pourtant, les interactions entre la violence réelle et la violence médiatique ne sont pas contestables. Le vrai danger de la télévision n'est peut-être pas l'incitation brutale et directe à la violence, mais bien l'**accoutumance à la violence**, la "normalisation" de la violence et l'illusion qu'elle peut répondre à toutes situations de conflits. Il est nécessaire et urgent de se pencher sur la prévention de la violence, d'adopter des

---

7 Marie-Joseph Chalvin, *Prévenir conflits et violence*, Nathan, Paris, 1994, page 107.

8 Alice Miller, *C'est pour ton bien, Racines de la violence dans l'éducation de l'enfant*, Aubier, Paris, 1984, page 84.

9 Liliane Lurçat, *La violence à la télé*, Syros, Paris, 1989.

codes qui avertissent le spectateur, mais la vraie solution ne peut résider que dans un changement de comportement de la société vis-à-vis de la télévision et plus globalement de l'information.

Sortir de la logique de la violence c'est prendre conscience des différentes violences, dénoncer les injustices premières et donc mettre à jour les conflits sous-jacents. C'est valoriser la relation, favoriser la communication, permettre l'expression des droits, affirmer des limites, rappeler la loi. C'est inciter à une approche non-violente des conflits et percevoir des solutions positives. Sortir de la logique de la violence, c'est mettre des mots sur les actes afin de les humaniser, c'est redonner sa responsabilité à l'école dans l'éducation à la paix et aux droits de l'Homme.

3. Relation : l'espace nécessaire

L'Homme n'est pas un être isolé. Il vit en relation avec d'autres, inséré dans son milieu. Dès les premiers mois, dans le ventre de sa mère, l'enfant est sensible à son environnement. Il réagit, il échange avec l'extérieur, cet extérieur qu'il n'a pas encore identifié comme différent de lui-même. En grandissant, il se découvrira unique mais dépendant. Dès lors, il n'aura de cesse d'établir des modes variés de communication pour chercher à satisfaire ses besoins et ses désirs. Se faire comprendre, comprendre l'autre, tel est l'enjeu de ce processus d'échanges, quel que soit le code utilisé[1].

3

• Des êtres de relation

Dans la relation, la communication suppose une certaine distance entre les deux parties ni trop loin, dans l'espace de l'indifférence, ni trop près, là où la promiscuité nuit à la vie. La violence est précisément une tentative de réduire l'espace entre soi et l'autre, une volonté d'annuler toute différence. L'**apprentissage de la séparation** et son acceptation ont donc un rôle essentiel dans la façon dont l'individu va gérer la violence.

Dans nos conflits, nous projetons sur l'autre nos propres problèmes intérieurs, en le rendant responsable de ce qui fait mal en nous. A l'analyse, il ressort que l'agressivité individuelle voire la violence qui s'exprime est souvent une mise en scène de conflits internes ou interpersonnels qui s'enracinent dans **nos histoires** et révèlent **notre propre fragilité**. La plupart de nos conflits n'interrogent-ils pas notre capacité à pouvoir gérer la différence, quelles que soient les singularités de nos histoires et les caractéristiques des valeurs propres à nos cultures ? La première expérience de différence, commune à tous, nous plonge de façon particulière dans l'expérience de notre naissance. La situation première est la fusion avec la mère. La naissance, comme première séparation, crée un espace dans lequel deux sujets peuvent exister comme **êtres différents et différenciés**. Le deuil de cette première séparation rend possible un nouvel attachement, un nouveau lien... La perte de la "symbiose" ouvre un espace de relations, de reconnaissance mutuelle, de parole.

---

1 Ce chapitre a été rédigé par Claire Cornet, Stéphanie Pestel et Véronique Pujervie du groupe de recherche "Psychologie et non-violence" de l'IFMAN de Haute-Normandie.

• De la fusion...

Selon les théories psychanalytiques, c'est le père qui, après la naissance de l'enfant, pose l'interdit de la fusion. C'est lui qui aide la mère et l'enfant à se séparer pour se reconnaître en tant qu'êtres différenciés. Cet acte est essentiel comme **premier fondement de la loi**. Il est la base de notre fonctionnement en société. Pour grandir, le bébé a un long chemin à parcourir. Il prend conscience que ce qui le nourrit, le cajole, n'est pas lui... Il est un être dépendant et non pas l'être tout-puissant et autosuffisant qu'il pensait être au commencement. L'attente de la satisfaction du besoin – du biberon qui calmera sa faim, des bras qui le berceront... – crée un espace de pensées, de désirs où l'autre, différent de lui, pourra lui offrir ce qui lui manque. La prise de conscience de l'existence de l'autre est liée à la prise de conscience du manque. De ce fait, ce que l'autre a, sera souvent l'objet du désir.

Pour le philosophe René Girard [2], cette impossibilité d'échapper au mécanisme mimétique par lequel nous désirons ce que désire déjà l'autre condamne les rapports humains à la violence tout en étant le fondement de tout apprentissage, de toute éducation, de toute culture... Prendre conscience du manque, c'est reconnaître qu'il y a eu une perte et ressentir la douleur et la colère engendrées par cette perte. C'est parce que le bébé va être tenu, porté, câliné, considéré comme une personne à part entière, avec des émotions et des besoins, qu'il va pouvoir traverser, dépasser la perte du ventre maternel et s'attacher autrement à sa mère. Le petit enfant qui grandit et accède à plus d'autonomie en même temps qu'il découvre la joie de ses infinies possibilités, découvre aussi la douleur de perdre sa mère en tant que partie de lui-même. Ses expériences de séparation-retrouvailles construisent l'enfant comme un être sociable. Expérimenter ces situations dans la sécurité (protection, encouragement, autorisation) lui permettra d'oser prendre de la distance sans risque et de trouver la bonne distance avec les personnes qui l'entourent... Cette **juste distance** est un facteur déterminant dans l'approche non-violente des conflits et leur gestion constructive.

• ... à la séparation

Dans ces premières expériences de séparation et d'attachement prendront racine bien des comportements ultérieurs de l'enfant puis de l'adulte qu'il deviendra. Toute sa vie est une succession d'attachements puis de sépara-

---

2 René Girard, *Des choses cachées depuis la fondation du monde*, Grasset, Paris, 1978, et "La violence et le sacré", discussion avec René Girard, *Esprit*, Paris, novembre 1973.

tions. Pour pouvoir ressentir le chagrin et la colère sans se mettre en danger ou mettre l'autre en danger, il faut être soutenu, reconnu, compris dans sa différence et dans ses besoins, afin qu'à l'issue de ce chagrin et de cette colère, puisse s'établir un nouveau lien avec un nouvel attachement. A chaque séparation, nous avons à renoncer au lien qui nous attachait, à en faire le deuil, pour pouvoir **créer** ensuite **un nouvel attachement** et **recréer le lien autrement**. Et quand il faut renoncer au lien, c'est une démarche douloureuse qui nécessite d'avoir reçu suffisamment de sécurité et de protection dans l'enfance, pour pouvoir traverser la séparation de façon victorieuse. Toute affirmation de soi comporte une part de douleur car s'affirmer c'est se distinguer des autres, s'en séparer, en acceptant le vide que crée l'absence d'identification au groupe. Chaque séparation nous confronte à la perte et nous renvoie à nous-même selon le cycle : deuil – attachement – lien – séparation [3]. L'impossibilité de parcourir les différentes étapes de ce cycle peut conduire à des processus de violence, de destruction, sur soi ou sur l'autre, par exemple sous forme de somatisations graves ou de conduites addictives comme la prise de drogues, d'alcool, de médicaments... La violence est une tentative de réduire l'espace entre soi et l'autre. **L'autre n'est plus vécu comme sujet mais comme objet**. La violence annule la différence. Ne serait-ce pas une tentative désespérée pour réduire tout espace et revenir à la fusion originelle ? Le crime, par la négation de l'existence de l'autre, et le suicide, par l'arrêt définitif de ses propres conflits intérieurs, n'en sont-ils pas les manifestations extrêmes ?

• Des espaces intermédiaires

En comprenant mieux les mécanismes à l'œuvre dans la violence, on peut définir des outils spécifiques pour que notre agressivité individuelle n'aboutisse pas à des comportements destructeurs mais soit au contraire investie positivement. Pour rester en vie, nous avons accepté de nous séparer et c'est là notre première victoire sur la violence destructrice. C'est parce que nous possédions une énergie puissante que nous avons pu traverser toutes ces transformations. Nous pouvons utiliser ce capital d'énergie de façon positive.

Toute séparation engendre de la colère. **La colère est juste et saine**. C'est elle, cette colère légitime, qui lorsqu'elle est non-exprimée, détournée, refoulée ou projetée (attribuée à l'autre), peut devenir une violence destructrice.

3 Ce cycle à été mis en évidence et développé par George Kohlreiser, psychothérapeute, à partir des travaux de Bowlby, élève de Mélanie Klein notamment. De Bowlby, lire *L'attachement : angoisse et colère* , PUF, Paris ; de Jean Bergeret, lire *La violence fondamentale*, Dunod, Paris.

Alors pour mettre en échec la violence, nous avons à mesurer nos justes distances, à recréer sans cesse de nouveaux espaces, de nouveaux territoires.

L'espace de désir ne peut exister que s'il y a un espace entre soi et l'autre, à la fois un espace physique, un espace mental, un espace de parole, un espace émotionnel (et sexuel), un espace générationnel où nous sommes tous comme Œdipe en quête d'une juste distance dans ces conflits universels fondateurs de l'humanité, c'est-à-dire trouver notre place dans la différence des générations et dans la différence des sexes. Nous avons à **inventer des espaces** où chacun apprend à exister autrement, à communiquer avec l'autre, avec sa pensée, son corps, ses émotions, sa spiritualité, espaces pluriels qui reconnaîtront et valoriseront les différences autant que les ressemblances.

Dans la relation, la communication suppose une certaine distance entre les deux parties : ni trop loin, dans l'espace de l'indifférence, ni trop près, là où la promiscuité nuit à la vie. La violence est précisément une tentative de réduire l'espace entre soi et l'autre, une volonté d'annuler toute différence. L'autre n'est plus vécu comme sujet mais comme objet. L'apprentissage de la séparation et son acceptation ont donc un rôle essentiel dans la façon dont l'individu va gérer la violence. La violence ne serait-elle pas une tentative désespérée pour réduire tout espace et revenir à la fusion originelle ?

4. La communication

La relation est nécessaire au développement psychologique de l'être humain. C'est un enjeu vital car ne pas communiquer c'est risquer de tomber dans la "folie". Commencée dans l'intimité familiale, cette expérience de communication s'enrichira au fil des audaces qui conduiront l'enfant vers des lieux nouveaux. Plus les rencontres seront variées et sécurisantes, mieux il pourra élaborer une pensée autonome. Enjeu personnel, enjeu de société, la communication se construit à partir des échanges entre deux pôles : l'émetteur et le récepteur. Une personne émet un message, codé ou non, tandis qu'une autre est censée recevoir ce message : c'est-à-dire écouter et entendre. Il est donc essentiel de chercher à mieux se faire comprendre et mieux comprendre l'autre [1]. Communiquer peut prévenir certains conflits. Communiquer, c'est aussi se donner les meilleures chances de les résoudre lorsqu'ils se présentent.

• Pouvoir se dire

Pour entrer en communication, il faut pouvoir élaborer des attitudes visant à instaurer des liens avec son environnement et avec les autres, il faut pouvoir "se dire". Il existe de multiples langages, qui ne sont pas forcément du domaine de la parole. Les gestes n'ont pas toujours besoin de mots. Ainsi Jean-Baptiste qui, malgré le sport et le quart d'heure de relaxation, ne tient pas en place à l'école aujourd'hui ; il est intenable et entre en conflit avec ceux de son entourage. Le maître lui met la main sur l'épaule et cherche son regard. Il s'apaise, le message est passé.

Avant la naissance, l'enfant s'inscrit déjà dans une relation du "dire". Il sent, il ressent les tensions, les émotions de sa mère avant d'entendre, par le tou-

---

1 Quelques références
- *Le développement de la personne*, Carl Rogers, Dunod, Paris, 1968.
- *La relation d'aide et la psychothérapie*, Carl Rogers, ESF, Paris, 1970.
- *La méthode Gordon*, Thomas Gordon, Belfond, Paris, 1976.
- *T'es toi quand tu parles - Jalons pour une grammaire relationnelle*, Jacques Salomé, Albin Michel, Paris, 1992.
- *L'écoute, attitudes et techniques*, Jean Artaud, Chronique Sociale, Lyon, 1997.
- *La communication non-violente*, Marshall Rosenberg, cassette audio. Association pour la communication non-violente, 23 rue de Rocroy, 75010 Paris.

cher et par les mots, ce que père et mère veulent bien lui dire. L'haptonomie, science du toucher et de la communication avant la naissance, nous fait découvrir que déjà l'enfant répond. Nouveau-né, par un regard, un geste, une posture, un cri, il exprime des sentiments, des besoins. Il y a ce qu'il dit et... ce qui est compris. Ses premiers sourires qui ne sont que réflexes, seront interprétés par sa mère comme des signes qui lui sont destinés. Ils deviennent donc messages et invitation à répondre. Ainsi se crée la communication. Un peu plus tard, avec ses premiers "areu", puis ses premiers mots, l'enfant est capable d'une conversation avec des plus grands. "C'est super, à trois mois on comprend tout ce qu'elle dit !", s'écrie Elsa qui termine un dialogue fascinant avec sa petite sœur. En effet, bien avant leur prononciation et leur signification, **les mots ou les sons sont signifiants**. Ils permettent de dire, de "se dire". Cette communication non verbale peut être spontanée. Elle peut aussi être stimulée par la pratique du théâtre, de la danse, de la musique, de la peinture... Ces activités permettent une expression intime de l'être et donnent à chacun la possibilité d'exprimer et de partager des sentiments, des émotions. Dans l'étape riche et très particulière qu'est le début de l'organisation et de l'acquisition du langage oral, il sera essentiel non seulement de laisser l'enfant se "saouler" de mots, de ne pas le freiner mais de l'aider à préciser son propos : "Qu'est-ce que tu veux ?", "De quoi as-tu besoin ?", "Qu'est-ce que tu ressens ?"... manière de lui apprendre à se recentrer sur lui-même et sur l'objet de son expression.

• Trop peu de mots

"Je suis toujours frappé de mesurer le nombre de mots limité que connaissent les jeunes avec lesquels je travaille" témoigne cet éducateur de la Protection Judiciaire de la Jeunesse de la ville du Havre. Les jeunes de certains quartiers possèdent en effet 300 ou 500 mots, rarement 2000 ou 3000 comme c'est le cas d'un bachelier moyen. N'ayant pas le minimum de vocabulaire courant, ils ne peuvent ni manier les idées, encore moins parler d'eux-mêmes. Le plus souvent ces jeunes vont compenser par le bruit et la violence.

Ils n'ont pas l'habitude de parler, de dire ce qu'ils pensent et de recevoir ce que leur renvoient les autres. Leur rendre la parole, ce serait leur **donner une possibilité d'échange**. Mais rares sont les occasions où ils peuvent y accéder réellement. Car avoir la parole, ce n'est pas seulement connaître les mots, c'est aussi maîtriser la manière de les dire. Un étranger qui maîtrise peu notre langue parviendra à s'exprimer avec quelques mots car il saisira très vite la manière de les dire. L'échange pourra ainsi s'établir.

Chez ces jeunes, au contraire, il est très difficile de décrire une situation, d'exprimer un sentiment, de préciser ce qu'ils aiment ou ce qu'ils n'aiment pas. Le message ne va pas au-delà de dire "Je vais mal" et ils vont le signifier plutôt par un casse qu'avec des mots. "Quand je dois faire un rapport au juge, à propos de l'un d'entre eux, souligne l'éducateur havrais, j'utilise toujours volontairement des mots très simples. Le jeune est amené à en prendre connaissance mais le plus souvent il ne comprend pas. Mon vocabulaire le plus simple lui échappe. Alors quand il doit comparaître devant le juge, pour un vol, par exemple, on lui reproche d'avoir 'frauduleusement soustrait le bien d'autrui', il ne comprend rien ! Indépendamment de tout le décor du tribunal qui lui fait peur, la justice s'adresse à lui dans un langage totalement inaccessible. Et quand, à la fin, le juge déclare : 'Vous avez la parole, avez-vous quelque chose à ajouter ?' bien sûr que non, il n'a rien à ajouter..."

• Savoir entendre l'autre

Il est important de s'exprimer, encore faut-il être entendu et savoir entendre l'autre ! Cela demande un effort de part et d'autre. Quand la communication est bloquée, il faut tenter de sortir du schéma dans lequel on est enfermé. Pourquoi ne pas essayer, par exemple, de jouer à inverser les rôles ? Changement de place, changement de rôle et surtout changement de point de vue. Ainsi, les choses prennent une autre allure et offrent d'autres perspectives. Dans une classe, il est intéressant d'apprendre à reformuler l'idée exprimée par le camarade précédent, avant d'exprimer son propre point de vue. L'exercice nécessite une grande attention. Et quand le brouhaha des passions et les tensions s'apaisent, les mots prennent tout leur sens. **Apprendre à ne pas être centré sur soi** et **s'enrichir de l'apport de l'autre** lorsqu'il intervient demande un réel effort et nécessite un entraînement.

"A la maison il existe une règle stricte, on ne coupe pas la parole" dit la mère qui poursuit "et croyez-moi, s'il m'arrive de le faire, mon garçon de cinq ans n'a pas peur de me le rappeler !... Comment peut-il avoir envie de m'écouter si je ne prends pas en considération ce qu'il dit ?" Cette règle permet de protéger la parole de tous, y compris des plus petits. Elle peut être établie dans de multiples endroits, pour les jeunes comme pour les adultes.

Des règles, des fonctionnements institutionnels, peuvent encourager l'écoute et cela dans tous les lieux : une boîte aux lettres dans la classe pour recueillir les récriminations et faire le point chaque semaine, une réunion hebdomadaire dans un service hospitalier pour garantir une écoute identique à chacun quel que soit son grade... Ces moments de communication réelle dissipent bien des incompréhensions dues à l'interprétation des non-dits et aident à une régulation des conflits.

• Les conditions de la communication

Apprendre à se dire et à entendre ne suffit pas pour permettre la communication. Comme au téléphone, s'il y a un émetteur, il n'y a pas toujours quelqu'un qui décide de répondre. Il faut donc sonner plus fort ou changer de ligne.

La première démarche consiste à **établir ou rétablir les conditions de la communication**. Ce sont quelquefois des lieux et des temps de parole institués. C'est, dans tous les cas, prendre du temps.

C'est aussi l'établissement d'une **confiance réciproque** par le respect de soi et d'autrui, la maîtrise de ses peurs. Le regard peut parfois suffire. Ce surveillant de nuit dans un quartier difficile explique : "Quand je sortais de la boulangerie et que toute la bande de jeunes était dehors, j'essayais de me faire petit, immanquablement je me faisais insulter, quelquefois bousculer. Depuis que j'ose les regarder, je me sens à égalité."

Le besoin de communiquer, de se regrouper avec d'autres est si important que les groupes sociaux trouvent chacun un langage "identificatoire". Ils se créent leur propre langage – parole codée, vêtements, attitudes – qui va du jargon professionnel à tel ou tel "look", en passant par l'argot ou le verlan. Si ces langages spécifiques sont des moyens de reconnaissance, ils peuvent aussi limiter voire empêcher la communication. Un adolescent, par exemple, sait bien que pour être entendu de ses parents, il devra sans doute choisir un autre vocabulaire que celui qu'il utilise avec ses copains et copines.

La **confiance** est une **condition d'une communication de qualité**. Elle demande à être développée dans tous les milieux : famille, quartier, école... Mais les réalités socio-économiques bouleversent parfois de manière irrémédiable les liens dans la famille comme dans les réseaux de proximité. Déracinées, éclatées, trop autoritaires parfois, les structures familiales n'offrent pas toujours le cadre sécurisant d'une communication épanouissante. Face au chômage, à la crainte de l'échec scolaire de leurs enfants, les parents, angoissés, trouvent difficilement des repères. Le contexte général les pousse davantage à des replis sur eux-mêmes et des abandons de leur rôle parental qu'à la transmission de valeurs ou à l'expression de solidarités. A l'époque où nous échangeons en quelques secondes des informations avec l'autre extrémité de la Terre par l'intermédiaire de satellites et d'écrans, nos comportements semblent s'appauvrir en matière de communication avec nos proches. Qu'on ne s'étonne pas qu'en oubliant cet aspect fondamental de la vie humaine, nous soyons dès lors confrontés à des situations graves.

• Apprendre à communiquer

A l'adolescence, le besoin d'être écouté se manifeste avec force. L'augmentation des suicides chez les jeunes, leur recours à l'alcool ou à la drogue sont autant de cris de détresse lancés à une société qui oublie de les entendre. L'impossibilité d'être pris en compte conduit nombre de personnes et de groupes à utiliser la violence comme expression de leur révolte. Réaction immédiate, non maîtrisée, qui, par l'impact dans les médias, peut parfois donner l'illusion de l'efficacité. Mais la répression est toujours là, violente à son tour, et l'opinion publique ne peut entendre une parole qui, par son expression désordonnée, lui fait craindre pour sa sécurité. L'un des enjeux de la non-violence est d'**apprendre à utiliser l'énergie de la révolte** pour inventer des formes positives de dénonciation des injustices et ainsi créer un rapport de forces qui conduise à la négociation et au compromis.

Si l'on considère que la violence naît de l'incapacité à dire son mal-être autrement et notamment par la parole, il est important, pour entrer en contact avec les auteurs de violences, tout à la fois :

- de refuser d'utiliser le même mode d'expression qu'eux, c'est-à-dire la violence,
- d'accepter, en revanche, de reconnaître certains de leurs codes pour permettre le dialogue,
- d'introduire ou réintroduire la parole qui, seule, permet de se projeter dans l'avenir et d'éviter les passages à l'acte.

La communication n'est jamais établie une fois pour toutes. Elle s'inscrit à la fois dans l'instant de l'échange et dans la durée d'une relation.

• Des techniques d'aide

Ecouter, reformuler, s'exprimer... il peut être utile de recourir à des attitudes qui peuvent améliorer la communication et, au-delà, les relations humaines. Les évolutions technologiques les plus performantes dans le domaine des moyens de communication ne pourront jamais s'y substituer. Pourquoi ne pas étudier les comportements qui limitent ou, au contraire, facilitent la communication et ainsi rectifier nos pratiques défaillantes ?

Plusieurs attitudes peuvent compromettre la communication :
- Porter des jugements : complimenter, critiquer, menacer, tourner en dérision...
- Mener son enquête : diagnostiquer, questionner, psychanalyser, supposer...
- Proposer des solutions : ordre, menace, conseils...
- Faire la morale, prêcher...

Quelle que soit la technique, on ne fera pas communiquer une personne qui ne veut pas communiquer. Il y a donc au départ une question de volonté, volonté de répondre à celui qui vous parle, en essayant de comprendre ce qui est dit, ce qu'il ressent. La communication est à double sens. Chaque partie doit être convaincue que ce qui est dit mérite d'être entendu et compris.

L'affirmation de soi

Devant les difficultés qui se présentent dans une situation de communication, plusieurs réactions sont possibles :
- la passivité : ne rien faire par crainte des autres et de leurs réactions, par manque de confiance en soi et d'assurance sur ses capacités. La passivité encourage les abus, les phénomènes de bouc émissaire...
- l'agressivité négative : trancher dans le vif, sans nuances.
- la manipulation : contourner le problème.
- l'affirmation de soi (ou assertivité) qui consiste à savoir exprimer avec aisance son point de vue et ses intérêts sans anxiété, sans dénier ceux des autres. C'est l'attitude la plus favorable à une bonne communication.

L'écoute active

L'écoute active permet d'entendre ce que dit une personne, de percevoir ce qu'elle ressent, de lui montrer qu'on l'écoute vraiment. Une écoute efficace est le produit d'une **volonté réelle de comprendre** et d'un **désir de promouvoir le respect**. Les caractères chinois qui composent le mot "écouter" décrivent plusieurs dimensions [2] : écouter avec les oreilles, les yeux et le cœur. L'écoute active est la capacité de montrer de l'"empathie". L'empathie est la faculté de s'identifier à quelqu'un, de ressentir ce qu'il ressent. Montrer de l'empathie, c'est essayer de mieux comprendre ce que l'autre dit et ressent. On peut démontrer sa compréhension par des attitudes non-ver-

---

2 *La conciliation : de la rivalité à la coopération*, Centre de ressources sur la non-violence, Québec, 1993.

bales : ton de voix, expression du visage, gestes, attitude du corps. L'écoute active se définit par quelques attitudes fondamentales :

- Ne pas interrompre, ne pas condamner, ne pas donner de solutions, de conseils, de suggestions... mais par contre encourager l'autre à exprimer en confiance ses idées et sentiments. Attention ! écouter activement l'autre ne signifie pas approuver ou désapprouver ses propos !
- Clarifier ce qui est dit "pour éviter toute confusion,...". Reformuler : c'est-à-dire répéter avec ses propres mots l'essentiel des idées et des sentiments exprimés par l'autre. Cela montre que vous avez écouté et compris. Encore une fois, reformuler ne signifie ni approuver ni désapprouver ce qui est dit.
- Résumer, en rassemblant toutes les informations, peut être l'occasion de corriger ou de préciser un point.

L'envoi de messages clairs

L'écoute active n'est que la moitié du dispositif d'une communication efficace. S'il faut recevoir correctement les messages il faut aussi bien les émettre. Par son attitude, l'émetteur donne le ton. Il peut éviter l'escalade et le durcissement du conflit. L'américain Thomas Gordon propose, depuis 1970, une méthode qui porte son nom, destinée à résoudre les conflits "sans perdant ni gagnant [3]". Il incite à n'utiliser que des messages formulés à la première personne. Ce qu'il appelle le "Message-Je" doit permettre "de préserver la relation tout en s'affirmant clairement". L'auteur dit aussi, dans une autre formule, que "le 'message-tu' tue la relation".

L'affirmation de soi permet de se contrôler pour établir avec l'autre une relation de confiance ou, si nécessaire, un rapport de forces en vue d'aboutir à une négociation. Il faut du temps et de la pratique pour que le "message-je" devienne une attitude naturelle. Dans le conflit, au moment où des sentiments intenses surgissent, on pense en effet plus à blâmer, accuser, juger et il faut une grande maîtrise de soi pour réorienter ses sentiments et maintenir une communication en profondeur.

---

3 Thomas Gordon, psychologue américain, fut le premier à concevoir un cours pratique pour enseigner aux parents les procédés essentiels en communication et résolution de conflits. Il est l'auteur de nombreux livres sur ces questions et ses programmes de formation sont développés dans une trentaine de pays.

Communiquer est une nécessité de la relation. Confiance et respect sont deux conditions d'une communication de qualité. Il est essentiel de se faire comprendre et de comprendre l'autre. Cela permet d'éviter certains conflits et d'en résoudre d'autres lorsqu'ils se présentent.

La communication n'est jamais établie une fois pour toutes. Elle s'inscrit à la fois dans l'instant de l'échange et dans la durée d'une relation. Par des techniques d'aide comme l'affirmation de soi, l'écoute active, l'envoi de messages clairs... il est possible d'améliorer la communication et donc la relation.

5. La relation éducative

Confrontée à de multiples faits de violence [1], et faute d'une profonde remise en cause, l'école se débat pour contenir et limiter les débordements. Pour pouvoir continuer d'instruire, sinon d'enseigner, elle doit d'abord obtenir le "sursis à la violence [2]", selon l'expression de Philippe Meirieu. Dans ce contexte, il est intéressant de revenir sur les finalités de l'éducation et sur les réalités de la relation éducative [3].

Parler de relation éducative exige de savoir ce que l'on entend par éduquer. Qu'est-ce qu'éduquer ? Qu'est-ce qu'instruire ? Qu'est-ce qu'enseigner ? S'agit-il d'un jeu de synonymes qui nous renvoient à une même réalité ou bien de concepts distincts qui recouvrent des actions différentes et que, par conséquent, l'on ne saurait confondre ?

5

• Eduquer, instruire, enseigner

L'étymologie du mot éducation est discutée. Certains auteurs font dériver le mot du latin *educere* qui signifie : faire sortir de, diriger, conduire... Il semble aujourd'hui plus probable qu'éducation vienne d'*educare* qui signifie **nourrir**, **prendre soin**, élever. Cette acception va s'élargir et le mot éducation va lentement recouvrir un champ d'activités plus large et moins directement physique. "L'éducation d'un enfant voulait [...] dire, au début, l'élever, au sens de répondre à ses besoins de nourriture, ses besoins physiques et corporels. Par la suite, *educatio* a pris aussi un **sens moral** (la formation du caractère) et un **sens intellectuel** (la formation de l'esprit) [4]." L'éducation est donc une action qui, aujourd'hui, s'adresse à l'être dans sa totalité : corps,

---

1 Cf. Eric Debarbieux, *La violence en milieu scolaire – Etat des lieux*, ESF, Paris, 1996, et Bernard Defrance, *La violence à l'école*, Syros, Paris, 1988.

2 Philippe Meirieu, *La pédagogie entre le dire et le faire*, ESF, Paris, 1995.

3 L'auteur de ce chapitre, Eirick Prairat, est maître de conférences à l'IUFM de Lorraine. Il a publié notamment *Eduquer et punir*, Presses Universitaires de Nancy, 1994, et *La sanction : petites méditations à l'usage des éducateurs*, L'Harmattan, Paris, 1997.

4 Louis Brunet, Lucien Morin, *Philosophie de l'éducation, 1. Les sciences de l'éducation*, Les Presses de l'Université de Laval et De Bœck Université, 1992, p. 13.

intelligence, affectivité ; c'est une **action globale** "qui permet à un être humain de développer ses aptitudes physiques et intellectuelles ainsi que ses sentiments sociaux, esthétiques et moraux dans le but d'accomplir autant que possible sa tâche d'homme [5]."

Précisons maintenant le sens du verbe instruire. *Instructio* vient du latin *instruere* qui signifie construire, bâtir. **Instruire** : c'est **construire des connaissances et des savoirs positifs**. C'est aussi dans le mouvement même de l'apprentissage régler l'esprit selon les lois du raisonnement et de l'objectivité, telle est d'ailleurs la valeur éducative de l'instruction. L'instruction forme l'esprit en le faisant accéder à la rigueur logique et aux exigences de l'universalité. Il est donc juste de dire que l'instruction est au service de l'éducation ou encore que l'instruction est l'éducation de l'intellect [6]. Entre instruire et éduquer, il s'agit donc moins d'un rapport d'opposition que d'un rapport d'inclusion. L'instruction est une partie, un sous-ensemble, "une espèce d'éducation [7]". Elle est l'éducation de l'esprit.

Pour clore ce préambule conceptuel, donnons quelques informations sur le verbe enseigner. Enseigner vient du latin *insignire* qui veut dire signaler, faire une marque, laisser une trace. **Enseigner**, "mettre un signe sur", c'est **transmettre des connaissances en utilisant des signes privilégiés** : les mots. L'enseignement vise donc le développement des connaissances intellectuelles et des compétences cognitives. Existe-t-il alors une différence entre instruire et enseigner si l'un et l'autre visent la transmission des savoirs et donc la formation de l'esprit ? Il y a, nous semble-t-il, dans enseigner quelque chose qui regarde moins le résultat et davantage le processus. "Si nous nous référons à la langue grecque pour éclairer la signification du terme 'enseignement' nous trouvons trois mots : *didaskein* (enseigner), *mathéteuein* (faire des disciples) et *manthanein* (apprendre)... Dans la tradition grecque, l'enseignement est la transmission des savoirs selon un dispositif pédagogique qui organise la relation du maître à l'élève, de celui qui sait à celui qui ne sait pas, en vue de provoquer un apprentissage [8]." Enseigner est de l'ordre de l'instrumentation. On n'enseigne pas quelqu'un, mais quelque chose (un savoir, une matière, un savoir-faire) à quelqu'un.

Nous pouvons résumer sous forme de quelques propositions les principaux éléments que nous venons de mettre en évidence :

---

5 Olivier Reboul, *La philosophie de l'éducation*, PUF, Paris, 1971, p.12.

6 Louis Brunet, Lucien Morin, op. cit., p. 20.

7 Olivier Reboul, op. cit., p. 13.

8 G. de. Villers, "Éthique des pratiques de formation", *Éducation Permanente*, n°121, 1994, p. 54.

1) L'éducation peut être pensée comme moyen mais aussi et surtout comme fin. On éduque quelqu'un en vue d'une fin jugée positive. Il nous faudra dire quelle est cette fin désirable.

2) Le destinataire de l'acte éducatif est l'individu dans sa globalité et non l'individu en tant qu'instance rationnelle. L'éducation ne s'adresse pas à un pur esprit mais à un sujet.

3) L'éducation, ainsi définie, ne relève pas seulement de l'école. Elle concerne d'autres espaces de socialisation et, en premier lieu, la famille.

4) Enfin, nous pouvons légitimement admettre que la formation complète ou prolonge l'éducation car former, c'est acquérir une compétence précise et bien délimitée dans la perspective notamment d'une activité professionnelle. Nous ne saurions cependant confondre la tâche d'éduquer et celle de former.

• Eduquer c'est libérer

Éduquer implique donc une fin, une visée désirable. Quelle est cette visée ? Nous serions tentés, dans un premier temps, de dire qu'il existe autant de fins que de facettes éducatives (esthétique, morale, physique...). Il est d'ailleurs possible de dégager une série de fins partielles qui structurent chacun de ces différents domaines. Il n'en est pas moins vrai qu'il existe une fin qui transcende ces différentes fins partielles. Elle ne les annule pas mais s'appuie sur elles pour les dépasser en les incluant dans une visée ultime. Il s'agit de permettre à chacun d'accomplir au mieux "sa tâche d'Homme". La question à laquelle nous devons répondre est la suivante : à quelle forme d'achèvement l'Homme peut-il prétendre ? La réponse est simple, l'éducation vise l'avènement d'un Homme libre car c'est en accédant à la liberté que l'Homme réalise pleinement son essence. Il nous faut donner un peu de consistance à ce "devenir libre" et montrer qu'il résulte de l'émergence, en chacun de nous, d'un triple sujet : un sujet épistémique, un sujet éthico-politique et un sujet singulier.

Nous appelons ***sujet épistémique*** (ou sujet rationnel) celui qui est **maître de son jugement**, qui est capable de penser par lui-même et accomplit en somme l'injonction des Lumières : "Ose penser par toi-même". Il s'est affranchi des tutelles respectables, des modes confortables et des rhétoriques d'autorité. C'est un sujet critique au sens étymologique du mot c'est-à-dire un sujet qui sait "trier" les raisonnements valides des sophismes, les arguments des arguties. Ce qui anime l'Homme, saisi sous cet angle, c'est la prétention à la vérité (ou à la vraisemblance).

Un sujet libre est également un ***sujet éthico-politique***. Est éthique celui qui est **capable de se donner à lui-même ses propres règles de vie**. Il est autonome au sens où il est l'auteur de sa vie. Etre "auteur" ne signifie pas faire ce que l'on veut quand on veut et où l'on veut selon une formule puérile qui définit plus le caprice que l'acte libre. Les actes que pose le sujet éthique ne doivent rien à l'emprise de l'immédiateté et des pulsions car il a perçu la nécessité de s'ouvrir à l'altérité. Le sujet éthique sait agir dans le respect d'autrui. Dans son prolongement politique c'est un être qui sait exercer la souveraineté qui est la sienne au cœur des espaces sociaux où il est investi. Il récuse toutes les tentatives d'accaparement et de détournement de l'instance médiatrice à des fins de domination et/ou d'exploitation privées car il appréhende la loi juste comme instance garante des droits et des libertés effectives. Le sujet éthico-politique respecte les prérogatives légitimes d'autrui tout en sachant faire valoir ses droits. S'il doit entrer en conflit, il ne se dérobe pas mais ne pactise jamais avec la violence. La posture éthico-politique repose sur un **refus de toute violence** car celle-ci est souvent visée de mort[9]. Au regard de cette dimension, il est juste de dire que la visée de l'éducation est de décentrer l'enfant, "de l'ouvrir à l'altérité sans laquelle il n'y a pas de société[10]".

Enfin, l'avènement d'un sujet libre appelle l'émergence d'un ***sujet singulier*** qui atteste que tout sujet est "une synthèse humaine originale construite dans une histoire[11]". Cette troisième dimension assure l'irréductible **singularité de chacun**, cette indicible différence qui fait que Paul ne sera jamais le même que Jacques. Elle désigne quelque chose comme un style, car chacun se réalise selon une image propre qui intègre des modalités esthétisées dans le rapport à soi et aux autres. Manière d'investir la parole et de se dire, qualité de présence, cette troisième dimension assure tout à la fois l'**unité** et l'**unicité du sujet**, ce que l'on nomme parfois personnalité. Elle témoigne que vibre au cœur du sujet une prétention à l'authenticité.

L'éducation vise-t-elle l'épanouissement d'une personnalité ou doit-elle promouvoir l'intégration harmonieuse de celle-ci au sein d'une société, se demande-t-on bien souvent ? On le voit cette question n'a pas vraiment de sens car un être libre est toujours un être en relation. Il n'y a de sujet se libérant que dans une société en chemin vers la liberté. Sujet épistémique, sujet éthico-politique, sujet singulier, l'éducation est "un processus fondamental

---

9 Paul Ricœur, *Histoire et vérité*, Seuil, Paris, 1955, p. 227.

10 Guy Coq, *Démocratie, religion, éducation*, Mame, Paris, 1993, p. 22.

11 Bernard Charlot, Elisabeth Bautier, Jean-Yves Rochex, *École et savoir dans les banlieues... et ailleurs*, Armand Colin, Paris, 1992, p. 19.

d'hominisation-socialisation-singularisation de l'être humain[12]". **Éduquer**, ce n'est pas faire passer un individu d'un état captif à un état libre, comme si la réalité obéissait à une loi binaire, mais l'inscrire dans un **processus de libération**. Arrachement à la pensée particulière, à la clôture narcissique, à la tyrannie des pulsions et des désirs erratiques ; éduquer c'est libérer.

• Les modalités de l'action éducative

Eduquer c'est avoir recours à plusieurs modalités d'action : c'est persuader, contraindre, influencer et savoir... accueillir et s'effacer. Sur l'**usage de la persuasion**, il n'est guère utile d'insister puisque éduquer c'est notamment travailler à l'avènement d'un sujet épistémique, comme nous l'avons déjà explicité. Que la parole, au sens de logos[13], soit le médium privilégié de l'action éducative, voilà qui ne nous surprend guère.

L'action éducative requiert aussi l'**usage de la contrainte**. D'où ici la première dérive qui menace l'entreprise éducative : la dérive autoritaire. Elle est la tentation de l'éducateur-dresseur, de celui qui entend plier l'éduqué à ses vues par l'intimidation. La violence physique n'est jamais bien loin lorsque l'éducateur se voit comme celui qui doit garantir l'ordre et la conformité. Or, en pactisant avec la violence, la relation éducative se nie car " le vivant est objectivé, brisé dans sa singularité de sujet inaliénable[14]." Une relation fondée sur la domination et la maîtrise de l'adulte suscite chez le sujet éduqué, par le biais des identifications et des projections inconscientes, le besoin d'écraser à son tour ceux que l'on considère comme inférieurs. Ainsi se met en place un processus insidieux de reproduction psychique[15]. La contrainte éducative pour échapper à l'arbitraire et à la violence doit, dans un premier temps, prendre la forme de la loi annoncée puis, dans un second temps, lorsque l'enfant est un peu plus âgé, celle d'une loi discutée et négociée.

Eduquer c'est également faire **usage de l'influence**. Sans doute faut-il pour le comprendre se déprendre des représentations qui noircissent un peu rapidement l'idée d'influence, en finir avec cet esprit syncrétique qui brouille les nuances et les catégories. "Trop de gens confondent aujourd'hui influence

---

12 Bernard Charlot, "Une discipline universitaire dans un champ de pratiques sociales", *Cahiers Pédagogiques* n°334, p. 14.

13 Le "Logos" est à la fois parole et raison, c'est une parole pénétrée de raison. Aussi persuader est l'action d'obtenir le consentement de l'autre en s'appuyant sur la seule raison.

14 Mireille Cifali, *Le lien éducatif : contre-jour psychanalytique*, PUF, Paris, 1994, p. 35.

15 Jeanne Moll, "Les enjeux de la relation", in *La pédagogie : une encyclopédie pour aujourd'hui*, J. Houssaye (sous la dir.), ESF, Paris, 1993, p.170.

et conditionnement, effacement ou répression de soi [16]..." Plus fondamentalement, il faut affirmer que "toute philosophie de l'abstention éducative nie quelque chose de la condition humaine [17]." Pas d'éducation sans initiative, don, proposition, suggestion. Peu importe que l'offre soit par la suite revendiquée, contestée voire refusée, ce n'est pas là l'important. Ce qu'il importe de comprendre, c'est qu'il n'y a d'accès à l'humanité que dans un mouvement en réponse et non dans un élan premier. C'est pour cela qu'**il n'y a pas d'éducation sans proposition ni suggestion**. Refuser d'influencer, c'est aussi refuser d'éduquer. D'où ici une seconde dérive que nous nommons dérive spéculaire. Il n'est plus question d'affrontement et de domination mais de séduction. Apparemment plus douce, cette relation n'en est pas moins symboliquement violente par l'insidieuse emprise qu'elle exerce sur l'enfant. L'éducateur ne dresse plus, il manipule, il modèle selon l'ordre de son image et le code de son désir.

Précisons brièvement, pour lever toute équivoque, ce qui distingue l'influence éducative de l'influence manipulatrice :
- l'influence éducative fait grandir, elle est au service de l'éduqué.
- elle a un terme. On peut même dire qu'elle travaille à sa propre éclipse alors que l'influence manipulatrice ne cesse de réaffirmer l'asymétrie originelle.
- elle est une relation de sujet à sujet, ce qui ne présuppose ni la parité, ni la symétrie, mais exige la reconnaissance mutuelle et la distance. L'influence éducative laisse du jeu, de l'espace, de l'écart, elle cultive l'adhésion plus que l'adhérence.
- l'influence éducative ne s'épuise pas dans sa transitivité, elle appelle à l'endroit de l'éduqué une reprise, un retour, une distanciation. Elle n'est pas une action sur, mais une activité qui vise à susciter chez l'éduqué une autre activité.

Soumission à la force de l'autre, soumission à la prégnance de son image, la violence éducative (physique ou symbolique) est toujours une opération de réduction des distances, un souci de disposer de l'autre en l'enfermant dans une relation objectivante (asservir ou assouvir).

Enfin, **la relation éducative est accueil et effacement**. Accueil des désaccords, des divergences, de la contradiction. Nous avons déjà eu l'occasion de montrer que l'enfant avait besoin de se confronter à ses pairs pour se construire psychologiquement, socialement et intellectuellement [18]. Il a aussi

---

16 Guy Coq, op. cit., p. 182.

17 Guy Coq, op. cit., p. 153.

18 Eirick Prairat, "Genèse du conflit" in *Pour une éducation non-violente*, Non-Violence Actualité, 1994, pp. 43-46.

besoin de se confronter à ses éducateurs car **c'est en s'opposant qu'on se pose**. On peut dire, pour le dire d'une phrase qui définit plus une orientation qu'un programme, que la tâche éducative consiste alors à transformer des rapports de forces en questions de sens. Tel est l'enjeu d'une éducation qui a compris que le conflit est inséparable "du désir, de la distance entre les êtres et de l'altérité [19]", bref qui a compris que **le conflit est consubstantiel à la relation éducative**.

Eduquer c'est aussi et enfin savoir s'effacer. Dans toute action éducative digne de ce nom, il y a des moments de retrait et de désengagement car il s'agit aussi de laisser l'autre advenir. Accueil de la conflictualité et postures de retrait représentent la part d'ouverture et d'indétermination qui constitue toute entreprise éducative.

Parler de relation éducative exige de savoir ce que l'on entend par éduquer. L'éducation n'est pas une simple transmission de connaissances. C'est une action globale dont l'objectif est le développement des capacités physiques et intellectuelles de l'être humain considéré dans toutes ses dimensions : sociale, éthique, esthétique, morale... Il s'agit de faire de l'enfant un individu libre, autonome dans sa pensée et son action, capable de respecter l'autre et refusant tout usage de la violence.

Eduquer c'est avoir recours à plusieurs modalités d'action : c'est persuader, contraindre, influencer et savoir accueillir et s'effacer.

- *Il n'y a pas d'éducation sans proposition ni suggestion : refuser d'influencer ou de contraindre c'est refuser d'éduquer.*
- *Il n'y a pas de relation éducative sans conflit : l'éducation vise à la prévention de la violence et à la gestion des conflits.*

19 Armand Touati (sous la dir.), *Conflits : origines, évolutions, dépassements*, Le Journal des Psychologues et Hommes et Perspectives, 1990, p. 10.

6. L'éducation non-violente

6

L'objectif fondamental d'une éducation non-violente est de permettre à l'individu de devenir un être autonome, capable de prendre des initiatives et d'affirmer ses idées. Cependant, autonomie n'est pas synonyme d'individualisme ; c'est une liberté à prendre, à construire dans un écheveau de relations sociales où la solidarité et la coopération sont nécessaires à l'enrichissement de tous. Dans ce processus d'apprentissage, l'adulte a un rôle fondamental. Il faut reconnaître ce rôle avant de vouloir que l'enfant s'en détache. En effet, que nous le voulions ou pas, nous transmettons des valeurs, nos valeurs. L'éducation recherche "le bien" avec tout ce que cela comporte de subjectivité mais aussi d'aspiration au mieux-vivre, au bonheur, à une société meilleure... Dans une optique non-violente, certaines valeurs nous apparaissent comme fondamentales : la justice, la solidarité, la tolérance, la paix. Les transmettre, c'est donner à chacun les moyens d'affronter les conflits avec la volonté d'en faire émerger du positif. En effet, l'un des principaux enjeux d'une éducation non-violente est d'apprendre à l'individu à résoudre les conflits auxquels il est confronté dès son plus jeune âge.

• L'autonomie

La notion d'autonomie est aujourd'hui très galvaudée. Si tout le monde est d'accord sur le principe, rares sont ceux qui en envisagent toutes les implications. Elle justifie trop souvent la non-intervention des adultes dans des situations qui le mériteraient, ou se réduit à prôner et à valoriser la débrouillardise individuelle. Étymologiquement, l'autonomie c'est **le droit de se donner à soi-même ses propres règles**. Avant d'en être capable, l'enfant doit comprendre le rôle et l'utilité de ces règles. Il apprend la vie collective en intériorisant des lois incontournables. Il accepte d'autant mieux les contraintes de ces lois qu'il participe à l'élaboration de solutions dans un certain nombre de cas de conflits. L'autonomie, c'est aussi être capable d'**avoir un rapport à l'autorité qui n'exclut pas le jugement personnel**. C'est donc être assez sûr de soi et de ses idées pour penser qu'elles valent d'être défendues. C'est enfin être capable de trouver en soi-même les ressources (courage, détermination, créativité) pour affronter les difficultés, les tensions, les conflits.

• Lois et règles

L'éducateur est le garant de "la loi" au sens large des règles que se donnent un groupe humain, une institution, pour permettre la vie en commun. Mais ces règles ne sont pas nécessairement élaborées par lui. Il est possible et, nous semble-t-il, souhaitable de donner aux enfants, aux jeunes, la capacité de fixer entre eux des règles ou de **négocier** avec l'adulte **certains droits à l'initiative**. Souvent, l'adulte craint d'être déstabilisé, contesté, dévalorisé. Pourtant, les enfants sont particulièrement motivés pour obéir à une règle et la faire appliquer quand ils en sont eux-mêmes les auteurs. En leur donnant un rôle dans l'organisation de la vie collective, on les forme au dialogue et au débat. Pour que les règles qu'ils fixent deviennent justes, il faut du temps, des tâtonnements, des essais et des erreurs. Il faut pouvoir avec eux organiser les temps de la régulation. Après avoir participé à l'élaboration du règlement intérieur de leur classe, des enfants expliquent : "On se sent plus libres, c'est plus calme, ça donne de l'ordre. Il y a moins de vols. Il y a moins de bagarres." Le travail sur les règles n'a pas pour objectif d'éviter les conflits mais il permet que ceux-ci soient source d'apprentissage et fait acquérir à l'enfant des aptitudes à la résolution positive des conflits. La loi protège les droits de chacun ; elle permet de sortir de la violence en mettant une distance qui protège les hommes de comportements violents.

• Légalité et légitimité

Nous devons à La Boétie et à son *Discours sur la servitude volontaire* l'idée que les tyrannies reposent sur l'acceptation de la servitude par ceux qui soutiennent le tyran. Que ceux qui le servent lui retirent leur concours, et le tyran s'effondre. L'action non-violente amène chacun à se demander en quoi son attitude, ses actes, y compris quotidiens, contribuent à maintenir l'injustice. L'approche non-violente vise à rompre cette collaboration active ou passive avec l'injustice. S'il le faut, elle va jusqu'à **organiser la désobéissance aux lois injustes** car "ce n'est pas la loi qui fonde ce qui est juste, mais c'est ce qui est juste qui fonde ou qui devrait fonder la loi [1]". Contrairement à ce qu'affirment de nombreuses institutions, telles l'État, l'école, les églises..., l'obéissance n'est pas toujours une vertu : elle peut n'être que lâcheté. Quand la loi ne remplit pas sa fonction de garantir la justice mais qu'au contraire, elle couvre ou organise l'injustice, il devient légitime d'y désobéir. L'objection est alors non seulement une exigence de la conscience, mais peut

---

1 Jean-Marie Muller, *Stratégie de l'action non-violente*, Le Seuil, Paris, 1981.

aussi devenir un moyen de l'action politique non-violente. On parle de **"désobéissance civile"** pour indiquer qu'il s'agit de l'engagement individuel et collectif des citoyens. Cela n'a rien à voir avec une attitude de hors-la-loi. L'éducation et la formation peuvent aider à l'acquisition de ces notions de légalité et de légitimité.

• Autorité et autoritarisme

La loi, les règles, sont nécessaires à la vie collective. Elles sont les garanties, identiques pour tous, du fonctionnement du groupe. Pour se construire, l'enfant doit trouver en face de lui des limites. Et l'adulte, par son autorité, doit être le **garant du respect des règles**. L'autorité structurante dont l'enfant a besoin doit s'accompagner d'une communication grandissante entre les générations et d'une prise de conscience par l'enfant de sa possibilité d'agir sur son environnement dès aujourd'hui, sans attendre le trop prometteur "quand tu seras grand". L'autorité est positive en ce sens qu'elle n'est qu'un "moi auxiliaire". Elle ne doit pas être confondue avec l'autoritarisme, cette "attitude dominatrice et intrusive qui transforme l'enfant en objet soumis[2]". Il faut pouvoir différencier ce qui relève de notre autorité et qui amène l'enfant à obéir de ce qui relève de notre autoritarisme. Il faut éviter de mettre sur le même plan les interdits sociaux, les règles de sécurité et consignes de prudence, le respect des autres et prendre en considération, avant de donner trop d'importance à l'obéissance, nos propres tabous, notre peur de l'accident, notre fantasme de la responsabilité, les lois du groupe ou du quartier... Généralement, lorsque l'adulte donne une consigne à un enfant, il n'attend pas que l'enfant obéisse – c'est-à-dire choisisse de respecter cette consigne parce qu'elle est nécessaire –, mais il attend de l'enfant qu'il se soumette sans réfléchir – la consigne est alors considérée comme un ordre qui ne peut être remis en cause.

• La pédagogie du contrat

Parmi les moyens dont dispose l'éducateur pour assurer un apprentissage de la loi, le contrat est l'un de ceux couramment utilisés. Un contrat est une **convention** orale ou écrite entre deux ou plusieurs personnes. Chacune des parties est engagée, mais elle n'accepte le contrat que parce qu'elle a des raisons de penser que l'autre le respectera. Aussi n'y a-t-il pas de contrat possible sans confiance entre les parties. Outre qu'il rappelle les perspec-

---

2 Michel Lemay, *J'ai mal à ma mère*, Fleurus, Paris, 1976.

tives communes des parties contractantes (sens de l'action, finalité, valeurs...), le contrat doit proposer des **objectifs précis, limités et possibles**. L'idéal est bien sûr d'élaborer ces objectifs en commun. N'est-ce pas la meilleure manière d'intégrer le rôle de la "loi", d'accepter les règles collectives et les frustrations qu'elles imposent ? Le "contrat" librement consenti, avec la notion de responsabilité qu'il implique, oblige les parties contractantes à respecter leur parole. Comme la loi, le contrat ne trouve toute sa valeur que s'il est appliqué. Sinon, il faudra reconnaître la nécessité de l'amender. C'est sans doute la capacité de discerner entre une règle essentielle et intangible et une règle négociable qui fait la qualité d'un éducateur. Si le contrat prévoit, en cas de transgression, une sanction, celle-ci doit s'appliquer (et doit donc être raisonnable et proportionnée) ne serait-ce que pour aller jusqu'au bout de cette recherche de confiance et de vérité. La "pédagogie du contrat" présente comme toute autre des risques de manipulation. Risque de pratiquer le chantage, en particulier avec des personnes très démunies qui n'ont d'autres solutions que de l'accepter. Ou encore risque de placer la barre trop haut, avec comme résultat de mener à l'échec. Les éducateurs n'échappent à ces risques qu'en prenant le temps de la réflexion sur leurs objectifs, leur idéologie, leur réaction face à l'autre. La pédagogie du contrat s'inscrit alors dans une **"pédagogie de la réussite"**.

• La demande de pardon

Lorsque le contrat n'a pas été respecté, lorsque la relation à l'autre s'est détériorée du fait du non respect des règles de vie communes reconnues comme nécessaires, la demande d'excuses, de pardon et par conséquent la nécessité de réparation s'imposent. Le pardon n'est pas une formalité mais un aspect essentiel des relations humaines. C'est une dimension de l'éducation non-violente. Le pardon est à la fois un **acte** et un **résultat**. Lorsqu'on s'est senti blessé par quelqu'un, le pardon est un travail intérieur qui permet de dépasser la blessure, de la guérir et de rétablir la relation. Le pardon, ce n'est ni l'oubli, ni la coupure de la relation. Les quatre étapes du pardon sont la prise de conscience de la souffrance produite, l'expression, l'échange mutuel des expériences et la réparation. Quand une personne prend conscience qu'un de ses actes a fait mal, elle va d'abord vérifier comment l'autre l'a ressenti : l'exprimer, échanger et comprendre la réaction de l'autre. Elle cherchera ensuite s'il y a possibilité de réparer. Ce n'est qu'à la fin qu'intervient la demande de pardon, après le travail de prise de conscience pour le "blessant" et le "blessé". La réparation manifeste de la part de celui qui a blessé son implication à rétablir la relation. La réparation n'est pas forcément à la mesure de l'acte et c'est pour cela qu'il est important qu'elle soit fixée par celui ou celle qui a été blessé, sinon le risque est d'entrer dans la sur-compensation ("je fais des cadeaux pour pouvoir me dédouaner"). Pardon et réconciliation sont des éléments d'une relation non-violente.

• La confiance en soi

L'éducation non-violente met en avant un certain nombre de valeurs, d'objectifs que nous venons de présenter. Elle entend développer des qualités, des compétences qui sont indispensables pour aborder sereinement et positivement les conflits. La peur et l'image négative de soi font naître des réactions inappropriées lors de situations angoissantes ou tout simplement à forte connotation émotive. Pour s'ouvrir vers l'autre, il faut **s'accepter soi-même, se sentir bien dans son corps**. Certaines techniques permettent de développer ces deux aspects. Dans leur livre *Éducation aux droits de l'homme* [3], Richard Fortat et Laurent Lintanf suggèrent, par exemple, d'instituer un "livre positif", cahier ou classeur dans lequel l'élève, tout au long de l'année, note ses expériences positives (liées ou non à l'école). Sur le deuxième aspect (se sentir bien dans son corps), il existe aussi de nombreux exercices : jouer à l'aveugle en se laissant guider par l'autre, travailler le regard... Le regard, c'est la première relation à l'autre. **Oser regarder en face**, supporter le regard des autres, s'entraîner à poser un regard qui respecte et permette de se faire respecter renforce la confiance en soi et constitue un atout dans de nombreuses situations, tant pour l'adulte que pour l'enfant.

• Les qualités d'écoute et de communication

L'aisance à communiquer se développe par l'entraînement à différentes formes d'expression : expression verbale, écrite, théâtrale, corporelle... Dans notre démarche, c'est surtout l'entraînement à la restitution fidèle d'un message qui nous intéresse. L'éducation doit offrir aux enfants différentes occasions de vérifier leurs qualités d'écoute et de compréhension, en utilisant par exemple les jeux de reformulation, les exercices d'écoute active, ou les pratiques de synthèse laissant une juste place à la valorisation des expressions minoritaires.

Ces exercices pratiqués avec des adultes leur révèlent souvent de façon brutale leurs propres difficultés à communiquer : comment développer la communication dans sa classe, comment intervenir dans un conflit lors d'une

---

3 Richard Fortat, Laurent Lintanf, *Education aux droits de l'homme*, co-éd. Chronique Sociale, Lyon, EVO, Bruxelles, 1989.

activité de loisirs, si l'on ne sait pas soi-même écouter le message de l'agresseur et celui de la victime ? Dans les pratiques de médiation qui se développent actuellement, l'un des rôles les plus importants confiés au médiateur est de reformuler les besoins, les justifications des un(e)s et des autres.

• La coopération

Les relations entre des individus ou des groupes oscillent souvent entre deux grandes tendances : la compétition et la coopération. Mettre en œuvre la seule compétition conduit généralement à des situations plutôt violentes. S'en remettre à la seule coopération, bienveillante, sans la moindre émulation, ne suscite aucun dynamisme. En revanche, **l'entraînement à la coopération se révèle un outil indispensable pour faire face aux situations de compétition et aux conflits** : il développe l'indispensable sens de la négociation. Un large éventail d'activités collectives et de jeux initient à la coopération tout en stimulant les aptitudes à négocier, autant chez l'éducateur que chez l'éduqué : jeux de groupe, de plein air ou d'intérieur ou jeux de table mis au point par nos voisins allemands [4]. Dans ces jeux, les joueurs s'unissent pour un objectif commun qui ne pourra être atteint que par la solidarité et la communication. Mais c'est bien sûr au quotidien que la coopération prend tout son sens, à l'école par le travail en commun, au centre de loisirs dans une activité difficile, dans la famille entre petits et grands.

• La créativité

La créativité est la **ressource humaine qui permet de faire face à tous les imprévus**. Ce potentiel est souvent mis en veilleuse par l'éducation et, de ce fait, l'individu se trouve démuni dans les situations qui ne lui ont pas été enseignées. Or l'imagination dont savent faire preuve certains pour se sortir d'affaire est en réalité à la disposition de tous les individus. L'éducation doit procurer aux enfants le plaisir de **découvrir leur capacité d'invention**. A travers l'expression corporelle, les jeux sur les mots, les exercices de questions-réponses, les mimes, la musique, il est possible d'éveiller leur imagination, de travailler ensuite sur les situations de conflit et de s'entraîner à construire des solutions.

---

4 Diffusion Non-Violence Actualité, BP 241, 45202 Montargis cedex.

• Questions de temps

Toute activité créatrice demande du temps. Le jeu, libre et spontané, fondé sur le principe du plaisir, représente une source d'énergie toujours renouvelée, un véritable moteur pour l'action. L'éducation non-violente n'a rien à voir avec une planification de tous les instants de la vie. Eduquer n'est pas enfermer mais libérer. C'est pourquoi l'éducation non-violente doit s'appuyer sur une conception du temps respectueuse des personnes et des cultures.

Mais le temps n'est pas seulement la notion de durée, c'est aussi l'environnement dans lequel nous vivons. Si les systèmes éducatifs s'enrichissent des apports de la psychologie de l'enfant et de ceux de la pédagogie, ils s'enracinent avant tout dans la réalité sociale et politique du moment. L'éducation s'inscrit donc dans un temps donné qui l'influence et qui en est le reflet. L'éducation non-violente participe d'un projet de société basé sur le respect, la justice et la liberté.

• Paix et citoyenneté

Éduquer à la non-violence n'exclut pas d'autres formes plus classiques de l'**éducation à la paix** comme l'étude des causes des guerres, du sous-développement et la prise en compte des menaces écologiques... Mais la paix s'apprend d'abord en la vivant, en s'initiant concrètement à la solidarité (par des actions comme des jumelages, par exemple). Pour faire avancer la paix et la justice, il faut des **citoyens libres et équilibrés** qui s'opposent individuellement et collectivement à l'injustice, en sachant tout à la fois créer les nécessaires rapports de forces et accepter, hors de toute compromission, les compromis sans lesquels aucune solution n'est possible.

Penser une éducation non-violente, c'est tout à la fois avoir un projet éducatif, en dégager une pédagogie – c'est-à-dire un ensemble de moyens cohérents avec les objectifs de ce projet –, et prendre conscience des remises en cause fondamentales à effectuer dans les structures de la société et dans nos comportements d'aujourd'hui. Prôner une éducation aux droits de l'Homme, vouloir des relations hommes / femmes plus égalitaires, promouvoir l'approche non-violente des conflits et affirmer la nécessité d'une éducation interculturelle, c'est faire le choix d'inscrire l'éducation non-violente dans les réalités et les interrogations du monde contemporain. C'est donner à l'éducation sa pleine dimension sociale et politique.

7. De l'éducation à la formation

Si l'enfance est une période privilégiée pour apprendre à se comporter face aux conflits, il est possible tout au long de la vie de s'interroger sur ses comportements, de les remettre en cause, de se préparer physiquement, moralement, intellectuellement à améliorer les relations humaines, à se battre pour la vérité et la justice. Il ne convient plus alors de parler d'"éducation" mais bien de "formation". On a longtemps utilisé l'expression "éducation permanente" ou encore "éducation des adultes". Mais ces termes sont, à juste titre nous semble-t-il, de plus en plus abandonnés au profit de ceux de "formation permanente" ou de "formation d'adultes". En effet, au-delà des mots, ce sont bien des réalités distinctes qui sont évoquées. Education et formation ont certes des points communs, mais, selon que l'on s'adresse à des enfants ou à des adultes, les moyens pédagogiques utilisés diffèrent, s'adaptant aux capacités, aux attentes des personnes concernées ainsi qu'au contexte de l'intervention (école, entreprise, lieu particulier...).

7

• Être adulte

Plusieurs éléments nous conduisent à différencier conceptuellement éducation et formation, et à **réserver le mot éducation aux étapes qui précèdent l'âge adulte**. L'éducation est en effet, selon la définition de Durkheim, "l'action exercée par les générations adultes sur celles qui ne sont pas encore mûres pour la vie sociale [1]". On sait qu'aujourd'hui, notamment sous l'influence conjuguée de l'allongement de la scolarité et du chômage, l'adolescence se prolonge : "on est jeune de plus en plus vieux" ! Parler d'"âge adulte" est en réalité impropre si l'on considère qu'un adulte est celui qui est responsable de ses actes, de ses choix, de son mode de vie, autonome financièrement et affectivement : l'accès à l'âge adulte s'effectue désormais par étapes et l'autonomie affective, par exemple, précède bien souvent l'autonomie financière. De la même façon, beaucoup de jeunes se trouvent simultanément en situation d'éducation et de formation : ainsi un jeune de 18 ans,

1 Cité par Guy Avanzini dans *Introduction aux sciences de l'éducation*, Privat, Toulouse, 1987.

légalement adulte, élève de première ou de terminale et qui prépare un brevet d'animateur (BAFA). **C'est donc moins l'âge que le type de relation pédagogique** [2] **qui fait la différence entre formation et éducation**.

• La relation de formation

En quoi ces relations diffèrent-elles ? D'abord et avant tout en ce que la relation éducative n'est, sauf exception, pas choisie : elle existe de fait avec les parents, elle est imposée par ceux-ci et par la loi en ce qui concerne la scolarité. **La relation formative implique le plus souvent qu'il y ait eu adhésion**, choix : choix du contenu [3], de la période, de la durée voire du formateur et des méthodes pédagogiques. L'implication, la motivation, et par conséquent la participation s'en trouvent renforcées.

En second lieu, et cet aspect est directement lié au précédent dont il est tout à la fois la cause et la conséquence, la personne en formation est en situation, certes plus ou moins théorique, d'égalité avec ses formateurs. Ce n'est évidemment pas le cas de l'enfant face à son maître ou à un adulte en général. L'éducateur a pour tâche, dans un rapport d'autorité, de faire passer un certain nombre de normes alors que le formateur suscite le besoin, la réflexion et l'évolution des modes de pensée et d'action.

Notons également que l'adulte peut contribuer financièrement à la formation qu'il a choisie : il se trouve donc également en situation de consommateur, avec son poids économique et ses exigences quant à la visibilité des résultats. Pour peu qu'elle manque de confiance en elle ou qu'elle ait des réticences à s'impliquer, la personne en formation se positionnera en attente de conseils et de recettes toute faites, censées augmenter son efficacité.

• L'utilisation du jeu

Enfin, si l'éducation intervient sur un terrain neuf, avec des êtres "naïfs", au sens premier du terme, la formation fait son œuvre sur une terre déjà profondément labourée. Aussi peut-elle **s'appuyer avant tout sur l'expérience** : "la formation est un acte existentiel de recherche de vérité, acte qui

---

2 Nous n'entrerons pas ici dans le débat qui oppose les spécialistes des sciences de l'éducation sur l'extension aux adultes du terme "pédagogie" étymologiquement lié à l'enfance. Notons seulement que, par rigueur sémantique, certains préfèrent utiliser le mot "andragogie".

3 On trouvera là aussi des exceptions puisque les salariés des entreprises peuvent se voir imposer telle ou telle formation.

transforme les événements de la vie en expérience avec l'aide de la réflexion[4]." En même temps, les apprentissages se heurtent à plus de rigidités, d'habitudes, de préjugés. Là où la réceptivité de l'enfant est totale, l'adulte "a parfois oublié l'origine de son savoir et a en revanche développé des certitudes fondées sur des représentations[5]". C'est à partir de ce constat de "la difficulté à quitter ses habitudes et notamment à désapprendre une manière de faire et de réfléchir que l'on pratique depuis des années[6]" que Chantal Barthélémy-Ruiz a développé **le jeu en formation d'adultes**, comme moyen pédagogique qui permet notamment de dépasser mes blocages et de mieux faire admettre l'erreur.

• Un choix de vie

Malgré ces différences notables qui ont indéniablement des conséquences sur les moyens mis en œuvre, il faut aussi noter qu'éducation et formation ont bien des points communs, et que leurs méthodes pédagogiques se sont beaucoup enrichies mutuellement.

Fondamentalement, leurs objectifs se rejoignent : l'affirmation d'Eirick Prairat selon laquelle "éduquer c'est libérer[7]" rejoint la définition de la formation donnée par A. Lhotellier : "Se former c'est **découvrir à travers les nombreuses expériences le pouvoir qui est en soi**. Cela revient à concevoir l'homme possible – comme devant être réalisé – mais non pas comme donné, comme déjà fait[8]."

Comme l'éducation, la formation touche l'Homme dans sa globalité. S'adressant à des adultes, elle puise largement dans leur expérience professionnelle, personnelle, émotionnelle ou intellectuelle. Elle s'inscrit dans un projet personnel, un choix de vie, elle est source de changement et de mieux-être. Enfin, relation de sujet à sujet, elle exige aussi un respect réciproque, une "empathie", pour reprendre l'expression chère à Carl Rogers.

---

4 Institut de formation et d'études psychosociologiques et pédagogiques (IFEPP), *Formation 1. Quelle formation ?*, Petite Bibliothèque Payot, 1974, p. 55.

5 Chantal Barthélémy-Ruiz, *Le jeu et les supports ludiques en formation d'adultes*, Editions d'Organisation, Paris, 1993, p. 105.

6 Chantal Barthélémy-Ruiz, op. cit.

7 Cf. chapitre sur la relation éducative.

8 IFEPP, op. cit.

• La formation professionnelle

La formation des adultes a connu depuis une trentaine d'années un développement et une évolution considérables. Ce développement et cette évolution sont liés aux avancées du droit, ainsi qu'aux modifications économiques et culturelles que nous avons connues dans cette période. Ils concernent les deux principaux champs que couvre la formation : d'une part **la formation technique ou professionnelle** à visée économique, d'autre part **la formation humaine** dont le but est de développer des compétences personnelles ou sociales.

Avec la crise économique, les formations professionnelles sont devenues une nécessité, liée en premier lieu aux évolutions technologiques et aux exigences de rentabilité, puis à la disparition de certains métiers et à l'apparition d'autres spécialités. Le chômage de masse va obliger les pouvoirs publics à former également des demandeurs d'emploi. Les exigences des entreprises évoluent : beaucoup souhaitent désormais s'appuyer sur des salariés autonomes et motivés, capables d'intégrer les notions de qualité, de se sentir responsables et d'entretenir des relations de travail constructives. Elles savent que cela passe par le développement des "savoir-être" et par la formation. Aussi, l'**acquisition de "compétences sociales"**, la gestion des relations et même des conflits sont des thèmes de plus en plus souvent abordés dans les formations professionnelles d'adultes, dans le public comme dans le privé où elles ne sont plus réservées aux cadres.

• La dynamique de groupe

Plus directement liées à notre sujet, les formations humaines se développent dès le milieu des années 50 avec le droit au "congé d'éducation ouvrière" devenu "congé de formation syndicale[9]". Quelques années plus tard, en 1971, les salariés acquièrent le droit au **"Congé individuel de formation[10]"**, pris à leur initiative et dont l'objectif est souvent professionnel bien sûr, mais peut aussi, selon les termes de la loi, permettre de "s'ouvrir plus largement à la culture et à la vie sociale".

Les approches psychosociologiques, notamment d'origine américaine, vont fortement marquer ces formations, qu'elles soient syndicales, associatives ou autres. Il s'agit de se préparer à l'affirmation de soi, à l'animation de groupe, à la conduite de réunion, à la prise de décision collective. Les sta-

---

9 Art. L 451 du Code du Travail.

10 Art. L 931 et suivants du Code du Travail.

giaires font de la **"dynamique de groupe"**, ils apprennent à décoder les attitudes face à un problème, les rapports de forces, les phénomènes de leadership, de prise de pouvoir... On utilise les sociodrames, les jeux de rôle mais aussi beaucoup "les groupes de discussion". Dans les années 60-70 la conception qui prévaut est celle "d'une formation engagée dans laquelle formation et action se complètent" et qui s'oppose à une formation strictement individuelle. Les rapports d'autorité sont remis en cause et le patronat prépare ses cadres : "la discussion apparaît comme le moyen de maintenir la cohésion des groupes où la contestation de l'autoritarisme devenait source de sous-production et de désaffection [11]."

• Communication et relation

Au cours de la décennie qui suit, l'orientation des formations va suivre l'évolution de la société et des individus qui la composent. La dépolitisation accompagne l'arrivée de la gauche au pouvoir et dans bien des entreprises l'heure est, au mieux, à ce que certains appellent le consensus mou, au pire à la désyndicalisation, au silence et à la crainte des licenciements. La vie personnelle devient refuge, et chacun cherche à s'y trouver le mieux possible : l'amélioration des relations familiales devient thème de formation. Fleurissent alors **les stages de "développement personnel"**. L'engagement social n'a certes pas disparu, mais il tend à privilégier les rapports de proximité. Avant de faire la révolution ou de bâtir la paix mondiale, le citoyen et la citoyenne de la fin du XXe siècle veulent améliorer la qualité de leurs relations de quartier, avoir une pratique associative conviviale, permettre à leurs enfants de grandir en étant écoutés et compris. **La relation interpersonnelle prend le pas sur les relations de groupe**, et l'on voit apparaître dans les formations, tant personnelles que professionnelles, des méthodes fondées sur la relation et la communication, l'écoute, la médiation... La gestion des conflits devient objet de formation, les stages et les livres proposant des "méthodes" de communication et de relation rencontrent un énorme succès. Citons la "méthode Gordon" qui met en avant "l'efficacité" d'une relation basée sur l'expression des besoins, l'approche de Jacques Salomé qui a développé une véritable "grammaire relationnelle" ou celle de Marshall Rosenberg qui propose une méthode de "communication non-violente [12]".

---

11 Jean Maisonneuve, *La dynamique des groupes*, Que sais-je ?, PUF, Paris, 1984.

12 Cf. chapitre sur la communication, p.29.

• La résolution non-violente des conflits

Tout en s'enrichissant de ces différents auteurs, la formation à la résolution non-violente des conflits a trouvé sa place dans un courant qui considère que "la formation prend son sens dans le double enracinement de l'existence personnelle et de l'histoire collective, donc dans l'actualité d'une époque [13]" et qu'elle a pour objet de **donner des outils** pour comprendre, avancer et se battre. Elle prend en effet en compte, au-delà des relations interpersonnelles, les conflits socio-politiques et les violences institutionnelles. Elle a puisé dans les mêmes méthodes (dynamique de groupe, conduite de réunion, techniques d'écoute et de créativité...) et s'est approprié les mêmes outils : exercices de mise en confiance ou de reformulation, mises en situation à partir de l'expérience personnelle ou collective, théâtre de l'opprimé selon la méthode conçue par Augusto Boal [14]...

Mais la formation à la résolution non-violente des conflits possède aussi sa propre histoire, celle des **préparations à l'action non-violente**. Martin Luther King, en pleine période de développement des formations de groupes aux Etats-Unis, met en place des formations s'inspirant en particulier des techniques du jeu de rôle. Son objectif est de préparer les défenseurs des droits civiques à la fois physiquement en vue des affrontements avec la police et psychologiquement pour faire face au racisme des Blancs. Gandhi quant à lui demandait à ceux qui le soutenait un engagement moral.

• Une histoire riche

Diverses associations non-violentes européennes, notamment françaises et belges, importent ces méthodes en les adaptant à leur contexte politique et culturel. Avec la lutte contre l'implantation des euromissiles puis les luttes antinucléaires, les Allemands renouent avec l'action directe de masse et préparent de nombreux militants aux "Blockade" (actions d'obstruction des bases militaires) et aux chaînes humaines, avec un travail particulier sur la prise de décision rapide [15]. En France, à une moindre échelle, des formations se développent pour préparer des actions d'opposition aux ventes d'armes, à l'armement nucléaire, ou de soutien à des luttes sociales. Il s'agit tout à la fois de formations théoriques et politiques et d'entraînement à l'action directe non-violente.

---

13 IFEPP, op. cit. p. 33.

14 Sur les méthodes de l'action non-violente et les exemples historiques, on pourra lire le dossier de Non-Violence Actualité, *L'action non-violente, guide théorique et pratique*, NVA, Montargis, 1985.

15 *L'action non-violente*, op. cit.

Les années 90 quant à elles sont marquées par une double évolution. Sous l'impulsion de plusieurs groupes non-violents, parmi lesquels on peut citer les IFMAN et le Cun du Larzac, la **formation à la résolution constructive (ou positive) des conflits** – expression qui s'est en partie substituée à celle de formation à l'action non-violente – sort du cercle militant pour toucher un autre public : celui des **professionnels de l'éducation et de l'animation**. En même temps, ces formations ne s'adressent plus exclusivement aux adultes, elles franchissent les murs des établissements scolaires et des salles de classe et pénètrent dans les maisons de quartier et les centres sociaux. Pratiquées d'abord avec des adultes, les formations à la résolution des conflits destinées aux enfants et aux jeunes reprennent les mêmes outils en les adaptant : le travail de mise en confiance est en général plus rapide, les exercices sont moins longs, l'approche théorique consiste surtout en une reformulation des idées exprimées par les participants eux-mêmes.

• La formation... en classe

Une intervention de ce type auprès d'enfants ou de jeunes, pratiquée par quelqu'un d'extérieur à l'institution, se rapproche en réalité du concept de formation tel que nous l'avons défini précédemment. Elle ne peut en effet porter ses fruits que si l'adhésion des participants est obtenue. Quand elle s'inscrit dans un contexte institutionnel tel que la classe, elle doit nécessairement s'inscrire dans une dynamique impulsée et suivie par l'enseignant. Certains formateurs à la résolution des conflits proposent à ceux qui ne sont pas intéressés, après un temps de présentation, de se rendre en étude ou dans une autre classe : cette pratique permet d'allier un minimum de contrainte (assister au premier quart d'heure) qui est du ressort de l'éducation avec la libre adhésion qui relève plutôt d'une démarche de formation. La pédagogie mise en œuvre se rapproche elle aussi des critères propres à la formation. Elle s'appuie le plus souvent sur l'expérience vécue : les violences subies ou auxquelles on a assisté, les conflits dans le quartier avec les adultes ou en classe avec un professeur, les bagarres dans la cour de récréation... Il reste que le rapport à l'adulte demeure forcément inégalitaire.

La formation à la résolution des conflits trouve également matière à enrichissement dans les **expériences de médiation** qui se développent dans de multiples domaines et dans les formations qui s'y rattachent ou y préparent. La médiation, qui met l'accent sur les qualités d'écoute et sur la neutralité du médiateur, propose d'une part une méthode de résolution de conflit sans perdant ni gagnant, d'autre part des techniques transposables dans de nombreuses situations. Acteur de sa formation, le jeune comme l'adulte peut ainsi faire l'apprentissage de la résolution des conflits dans une perspective de responsabilité et de citoyenneté.

La formation à l'approche non-violente des conflits devrait pouvoir être organisée progressivement à tous les âges et dans **tous les secteurs de la vie sociale et politique**, avec les moyens appropriés aux différentes situations. L'enjeu est de fournir aux personnes et aux collectivités les moyens de gérer les inévitables situations de tension qui peuvent se présenter à elles en mettant hors-jeu la violence.

Alors que la relation éducative n'est, sauf exception, pas choisie, la relation de formation implique le plus souvent qu'il y ait adhésion. S'adressant à des adultes, la formation puise largement dans leur expérience professionnelle, personnelle, émotionnelle ou intellectuelle. Elle s'inscrit dans un projet personnel, un choix de vie et, comme l'éducation, elle touche l'Homme dans sa globalité.

La formation à la résolution non-violente des conflits prend en compte, au-delà des relations interpersonnelles, les conflits socio-politiques et les violences institutionnelles. Elle utilise les méthodes classiques de dynamique de groupe, conduite de réunion, techniques d'écoute et de créativité mais possède aussi sa propre histoire : celle qui commence avec les préparations à l'action non-violente mises en place aux Etats-Unis par Martin Luther King dans son combat pour l'égalité raciale.

La formation à l'approche non-violente des conflits devrait pouvoir être organisée progressivement dans tous les secteurs de la vie sociale et politique, avec les moyens appropriés aux différentes situations.

8. La nécessaire sanction

Il y a un sentiment que le citoyen ne supporte pas, c'est celui de l'inégalité devant la justice. Quand la loi ne s'applique pas de la même façon pour tout le monde et en toutes circonstances, on ne manque pas de dénoncer une "justice à deux vitesses", une justice "faite pour les riches" ou, plus radicalement, "on ne croit plus à la justice de son pays". La loi étant l'une des ***bases de la démocratie****, sa non-application ou une application injuste ne peut que porter atteinte à la démocratie elle-même. Les conséquences en sont la dégradation des liens sociaux et la régression de la citoyenneté. Il en va des règles comme des lois : si, dans la classe, l'enseignant reste sans réaction quand la règle est transgressée, il reconnaît implicitement que la règle n'est pas importante et donc qu'elle peut être supprimée. Le plus souvent, il s'agit d'une* ***démission de l'adulte****, lui qui est censé être le* ***garant de la "loi"****. Est-ce par peur du conflit ou par incapacité à assumer un rôle inconfortable ? Il n'est pas toujours simple de rappeler et garantir la loi, d'autant que cela suppose d'avoir des réponses et moyens appropriés en cas de transgression. Eirick Prairat [1] s'est particulièrement intéressé à la recherche d'une sanction éducative qui évite le recours à la violence.*

8

• Sanction ou punition ?

En un sens large, la sanction est le moyen destiné à assurer le respect de l'exécution effective d'un droit ou d'une obligation. En un sens restreint, elle est la peine infligée à l'auteur d'une infraction en vue de le punir. Pris dans cette seconde acception, sanction est peu ou prou synonyme de punition. Si finalement nous nous rallions au premier terme, c'est moins parce que nous lui attribuons un sens spécifique que pour éviter les connotations négatives et doloristes qui colorent le mot punition...

La première clarification à faire concerne la question du fondement de la sanction. Nietzsche a noté la parenté étymologique entre *Schuld* (la faute) et *Schulden* (les dettes) [2]. Dans le jeu des interactions et des transactions

---

1 Eirick Prairat, auteur de ce chapitre, a développé ce sujet dans *La sanction : petites méditations à l'usage des éducateurs*, L'Harmattan, Paris, 1997. Cf. également le chapitre sur la relation éducative, p.37.

2 Friedrich Nietzsche, *La généalogie de la morale*, Folio/Gallimard, Paris, 1989.

sociales, **la sanction représente le prix d'une dette** à l'égard d'une victime ou d'un groupe et dont le coupable doit s'acquitter pour retrouver sa place dans l'espace symbolique des échanges. Dans la sanction, il y a quelque chose qui est de l'ordre de la rétribution. Dès lors récuser l'idée de rétribution pour quelque raison que ce soit, c'est tout simplement rejeter l'idée même de sanction. Ce qu'il convient d'examiner, c'est la forme que doit prendre cette rétribution et, avant même, les fins qu'elle vise car celles-ci déterminent pour une grande part la forme que doit prendre la sanction. Quelles fins poursuit donc la sanction éducative ? Elle poursuit, nous semble-t-il, une **triple fin : psychologique, éthique et politique.**

• Les finalités de la sanction

La sanction vise d'abord à réconcilier un sujet divisé

Freud avance l'idée que l'on peut en certaines circonstances être travaillé par le sentiment d'un "besoin de punition [3]". "Ce besoin résulterait d'un état tensionnel particulièrement aigu entre le moi et le surmoi. Un certain sadisme du surmoi interviendrait alors pour conduire au paradoxe d'une satisfaction obtenue dans la souffrance [4]." On a justement remarqué que ce qui intéressait vraiment Freud ce n'étaient pas les actes punitifs en eux-mêmes, mais les fantasmes de punition. Théodore Reik, développant l'intuition freudienne, montra notamment comment la culpabilité peut se traduire en un "désir inconscient de châtiment" et comment ce dernier peut s'exprimer par des actes manqués s'il n'est pas explicitement satisfait [5]. Après une action répréhensible, l'enfant peut, par exemple, se priver de dessert ou bien briser involontairement l'un de ses jouets préférés pour tenter de se délivrer de la culpabilité qui le submerge. La sanction peut être un moyen par lequel un enfant élabore sa culpabilité. "La culpabilité peut conduire chacun [...] pour expier à s'infliger les blessures les plus sévères ; si aucune limite au pouvoir d'agresser n'est mise, vous resterez livrés à une culpabilité que vous essayerez d'expurger à vos dépens [6]". **La sanction vise à réconcilier le fautif avec lui-même**. Mais il importe de bien comprendre le processus psychologique complexe qui accompagne l'agression. "Dans son grandir, tout sujet se

---

3 Sigmund Freud, "Le problème économique du masochisme" in *Névrose, psychose et perversion*, PUF, Paris, 1973.

4 Jean Bergeret, "Freud et la punition" in *Quand et comment punir les enfants ?*, ESF, Paris, 1989.

5 Theodor Reik, *Le besoin d'avouer, psychanalyse du crime et du châtiment,* Payot, Paris, 1973.

6 Mireille Cifali, *Le lien éducatif : contre-jour psychanalytique*, PUF, Paris, 1994.

confronte à l'émergence de sa propre agressivité, à la peur qui l'envahit lorsqu'il passe à l'acte [...] Agresser enclenche la culpabilité et le désir de réparer, mais aussi la peur de représailles. De l'attaque s'ensuit invariablement la peur d'être attaqué [...] Et l'attaque étant la meilleure défense[7] [...]" Étrange cercle que l'absence de sanction ou le mal punir entretiennent et confortent. Toutes les sanctions en miroir, toutes les peines "mimétiques" ne peuvent que manquer leur but. **La sanction** n'est pas une contre-violence censée annuler une violence première mais un **coup d'arrêt pour rompre avec la spirale du faire mal/se faire mal**. Apaiser la culpabilité, oui, emplir le fantasme des représailles, sûrement pas, la sanction éducative est là pour faire césure et ce n'est qu'ainsi qu'elle peut remplir son office c'est-à-dire réconcilier un sujet divisé avec lui-même.

La sanction est aussi là pour aider à un moment donné un sujet singulier à ad-venir

Elle est un moyen de promouvoir l'émergence de la liberté en imputant à un sujet les conséquences de ses actes. Philippe Meirieu a clairement expliqué les effets positifs de cette imputation : "Sanctionner, c'est bien, en effet, attribuer à l'autre la responsabilité de ses actes et même si cette attribution est constitutivement prématurée, même si elle est, *stricto sensu*, au moment où elle est faite, un leurre – puisque l'enfant n'est précisément pas déjà éduqué – elle contribue à son éducation en créant chez lui progressivement cette capacité d'imputation par laquelle sa liberté se construit. Celui qui a commis la faute n'aura peut-être pas agi de son plein gré, il aura peut-être été le jouet de l'influence de son entourage ou, simplement de ses impulsions... Mais le fait de lui **attribuer la responsabilité de ses actes** le mettra, en quelque sorte en situation de **s'interroger progressivement sur ceux-ci** et d'**en être, de plus en plus, le véritable auteur**. Plus radicalement, peut-être, en anticipant une situation sociale future on anticipe le sujet libre et on lui permet d'advenir[8]." C'est en pariant sur la liberté d'autrui qu'on l'actualise. La sanction possibilise en l'enfant l'émergence de sa responsabilité subjective. Le mal, comme on l'a justement dit, est moins la transgression en elle-même que l'ignorance de la transgression.

La sanction vise à réhabiliter l'instance de la loi

La loi est garante du vivre ensemble car il n'y a pas de "vivre avec" (autrui) qui ne soit articulé à un "vivre devant". La sanction vise donc à **rappeler la primauté de la loi et non la prééminence du maître**. Une punition qui se

---

7 Mireille Cifali, op. cit.

8 Philippe Meirieu, *Le choix d'éduquer*, ESF, Paris, 1991.

prétend éducative ne peut être utilisée comme une stratégie de réactivation du pouvoir magistral, elle ne peut que réaffirmer la centralité de la loi, que rappeler la valeur d'instance qui permet à un "je" et à un "tu" de devenir un "nous". La sanction rappelle que les lois que nous nous sommes données ne peuvent être impunément ignorées et/ou violées. "Pourquoi des sanctions ? s'interrogent Fernand Oury et Aïda Vasquez... Simplement, poursuivent-ils, parce que la loi décidée en commun ne peut être mise en question n'importe comment et n'importe quand par un individu sans provoquer une réaction. Si cette loi n'est pas réaffirmée nettement, on court le risque de voir ledit groupe se détériorer rapidement en un magma ; béton bloqué par les inhibitions, soupe à l'anxiété avec agressivités, régressions, voire passages à l'acte incontrôlables [9]." Telle est la finalité politique de la sanction : **rappeler la loi pour préserver l'identité du groupe**.

• Les caractéristiques de la sanction éducative

A défaut de pouvoir présenter un catalogue de sanctions recommandables, il nous faut énoncer quelques orientations générales qui dessinent la figure d'une véritable sanction éducative.

La sanction éducative s'adresse à un sujet

Cela signifie qu'elle s'adresse à une personne et non à un groupe. La sanction éducative est individuelle et non collective. On invoque volontiers le droit pour discréditer la sanction collective en affirmant que nul ne peut être inquiété pour un acte qu'il n'a pas commis ou dont il n'est pas complice. Tenons tout simplement pour règle que **dans un espace éducatif il n'y a de responsabilité qu'individuelle**. Sanction orientée vers un individu, mieux, sanction qui s'adresse à un sujet. Cela renvoie à deux exigences. Tout d'abord renoncer au spectaculaire, à toutes les formes punitives qui veulent édifier ou prévenir une éventuelle instabilité. La sanction éducative ne s'inscrit pas dans une logique de la dissuasion. La seconde exigence est celle de la parole. Demander le pourquoi du geste, revenir sur la transgression et ses conséquences, demander, écouter mais aussi expliquer ce que l'on refuse, car sanctionner sans s'assurer que la sanction soit comprise (ou puisse être tôt ou tard comprise) c'est tout simplement sévir (*saevus* = cruel). "Toute punition qui n'est pas comprise est cruelle puisqu'elle fait du mal sans qu'il en résulte un bien [10]." Dans toute sanction, il y a une intention qui dépasse l'acte et qui

---

9 Fernand Oury, Aïda Vasquez, *De la classe coopérative à la pédagogie institutionnelle*, Maspéro, Paris, 1991.

10 M. Edgeworth, *Éducation pratique*, Librairie J.-J. Paschoud, Paris et Genève, 1801, Tome I.

lui donne sens, c'est cette intention qui doit être clairement manifestée pour que l'individu puisse faire retour sur lui-même.

La sanction éducative porte sur des actes

La faute inscrite au cœur de la double modalité constitutive de notre existence sociale (le "vivre avec" et le "vivre devant") n'est pas manque mais manquement. Elle n'est pas un "en-soi", un défaut à chercher dans l'intériorité d'un sujet mais un acte défectueux. On ne punit pas l'intégrité d'une personne mais un acte particulier qui a été commis dans une situation particulière. La sanction n'est donc pas incompatible avec la dignité éducative puisqu'elle n'est liée qu'à l'indignité d'un comportement.

La sanction éducative est privation de l'exercice d'un droit

Privation d'usage, interdiction d'activité, mise à l'écart temporaire... "Là existent des sanctions, écrivent Oury et Vasquez, essentiellement des 'punitions' génératrices de frustrations ou de coupures qui ramènent à la réalité [11]." Le ressort de la sanction éducative est la frustration. Il convient donc d'en finir avec les pratiques humiliantes. **On ne fait pas grandir en faisant honte**. On ne cultive pas la responsabilité en humiliant, la honte ouvre une faille dans l'identité personnelle du sujet [12]. Au mieux, elle apprend à se conformer par la crainte du qu'en dira-t-on à une somme de règles et d'exigences objectives. Une sanction, même éducative, ne prend sens qu'en s'inscrivant dans un contexte éducatif plus large qui l'englobe et lui assigne une place dans le jeu des interactions qui tissent la trame sociale.

La sanction éducative s'accompagne d'une procédure réparatoire

Réparer, au sens propre, consiste à "remettre en état, refaire, raccommoder". Par exemple faire en sorte qu'un enfant qui a volontairement ou accidentellement cassé, renversé, sali quelque chose répare lui-même des dégâts qu'il a causés. Il s'agit d'une réparation directe et matérielle, c'est la plus simple à mettre en œuvre, elle est d'ailleurs assez couramment pratiquée. Ceci dit, la notion de réparation recouvre une autre acception, réparer c'est aussi "rétablir, effacer ou compenser". C'est à Mélanie Klein que revient le mérite d'avoir introduit la notion de réparation comme concept clinique pour désigner un mécanisme inhérent à la position dépressive. Selon cet auteur, l'en-

---

11 Fernand Oury, Aïda Vasquez, op. cit.

12 Erving Goffman, *Stigmate, les usages sociaux des handicaps*, Éditions de Minuit, Paris, 1976.

fant est très tôt confronté à la peur inconsciente de l'anéantissement, à des pulsions persécutrices qui sont des fantasmes de destruction, de mise en pièces et de dévoration [13]. Face à ses pulsions morbides, l'enfant est envahi par l'angoisse et la culpabilité d'avoir détérioré l'objet d'amour (la mère). Craignant de perdre l'amour en même temps que l'objet, l'enfant désire annuler le mal qu'il a fait. A l'origine de la tendance réparatrice se trouvent donc la **peur de perdre l'amour et le sentiment de culpabilité qui l'accompagne**.

La réparation est un mécanisme d'élaboration des pulsions, un processus de maturation qui se fonde sur la reconnaissance de la souffrance causée. C'est en ce sens que les procédures "réparatoires" nous intéressent car celui qui manifeste le désir de réparer est en position de responsabilité par rapport à ses actes. Il les reconnaît et les assume au point de vouloir les annuler. Notons aussi que celui qui veut réparer est aussi en position de reconnaissance par rapport à autrui car si l'on répare quelque chose, on répare aussi à quelqu'un. Aussi avoir recours à une procédure "réparatoire" c'est au-delà du face-à-face punisseur/puni introduire une tierce personne qui est la victime. C'est à elle que s'adresse la réparation. Autrui est le destinataire, il est aussi le médiateur, le détour qu'emprunte le fautif pour se reconstruire. C'est en recréant l'objet que le fautif se recrée lui-même. La réparation, est, en ce sens, un **mouvement de construction du moi**. Il existe, on le devine, des dommages qui ne sont pas matériellement réparables, tout le génie de l'éducateur consiste alors à trouver et à mettre en place des équivalents symboliques opératoires. A l'école de la Neuville, l'élève qui a fait tort à autrui se doit de lui "payer un pot" ou de lui offrir un petit cadeau à l'épicerie. On ne peut mieux souligner ce **passage de la dette au don**. Ce que permet la procédure réparatoire en s'ouvrant à la victime, c'est un mouvement de retour, retour vers l'autre car la seule dimension pénale de la sanction ne suffit pas toujours à resocialiser l'enfant. C'est pour cette raison que la sanction doit s'accompagner d'une mesure, d'un geste ou d'un signe en direction de la victime (ou du groupe). Bien sûr, en certaines circonstances, la sanction peut se réduire à une simple mesure de réparation, geste de bonne volonté pour signifier que l'on entend rester membre d'une socialisation.

Telles sont les principales caractéristiques de la sanction éducative. Nous aurions pu ajouter qu'elle est une sanction tournée vers l'avenir. On punit pour ne plus avoir à punir. **La sanction prépare à devancer de façon sym-**

---

13 Mélanie Klein développe le concept de réparation dans plusieurs de ses ouvrages : *Envie et gratitude*, Gallimard, 1968, *Développement de la psychanalyse*, PUF, Paris, 1980 et *Essais de psychanalyse*, Payot, Paris, 1982. Précisons que la position dépressive fait suite à la position paranoïde. Celle-ci se met en place dès les premiers mois de la vie : le retrait du sein provoque chez l'enfant des pulsions agressives. L'objet est alors "détruit" et rejeté comme "mauvais sein". C'est en introjectant l'objet détruit que l'enfant prend conscience qu'il est la source destructrice, ce qui le conduit à la position dépressive.

bolique les sanctions de la vie. Démagogie donc que les rhétoriques qui plaident pour une éducation sans sanction. Elles oublient les leçons de l'histoire, elles réitèrent les utopies déçues du "libertarisme" et abandonnent aux autres la sanction (sanction sociale, sanction pénale, sanction policière [14]...). Il ne s'agit pas, *a contrario*, de faire l'apologie de la sanction. Éduquer, c'est tendre à limiter autant que faire se peut le recours à la sanction en faisant de l'espace éducatif un espace privilégié pour accéder à l'ordre de la parole et de la raison. Ceci étant, il subsistera toujours des moments de crise et de tension, des situations-limites qu'il faudra bien savoir traiter au mieux des intérêts du groupe et de l'individu concerné.

La sanction représente le prix d'une dette à l'égard d'une victime ou d'un groupe. L'auteur de l'infraction doit s'en acquitter pour retrouver sa place dans le groupe, dans l'espace symbolique des échanges.

La sanction a une triple finalité :
– psychologique, pour réconcilier le fautif avec lui-même ;
– éthique, pour responsabiliser la personne par rapport à ses actes ;
– politique, car elle rappelle la loi pour préserver l'identité du groupe.

La sanction éducative ne condamne pas la personne mais un comportement précis. Elle s'accompagne d'une procédure "réparatoire".

14 Maryse Vaillant, "Sanction et éducation", *Pour*, n°110-111, 1987.

9. Les attitudes face au conflit

De l'accrochage avec ma voisine de palier au différend international, le conflit semble occuper tous les espaces. Un désaccord ne conduit heureusement pas toujours à une guerre, mais les deux situations ont en commun de pouvoir conduire à de graves déchaînements de violences. Les relations humaines comme les relations internationales sont en permanence secouées par des conflits, de toute nature et de toute gravité. Confrontations de besoins, d'intérêts, de valeurs... il y a mille et une raisons d'entrer en conflit. Comment y réagit-on ? Cela va dépendre de l'image du conflit que nous avons assimilée, des modèles qui nous entourent et de notre propre expérience. Schématiquement, on peut définir quatre grandes catégories de réactions : la négation, la démission, la confrontation violente et l'approche non-violente.

• La négation du conflit

Si nous ne sommes pas directement impliqué dans l'affaire, mais seulement témoin, la réaction la plus courante face au conflit est la neutralité. Lanza del Vasto a décrit cette situation avec humour : "La première [attitude], c'est de détourner la tête et d'éluder l'affaire, surtout si nous ne sommes pas directement attaqués, puisque, vous le savez, 'nous avons toujours assez de courage pour supporter les maux d'autrui'. Tout compte fait, cette histoire ne nous regarde pas. Nous restons neutres et d'ailleurs nous ne restons pas, nous nous esquivons discrètement [1]." Quand le conflit nous concerne directement, nous avons d'ailleurs tendance à nous comporter de la même manière, en niant la réalité, en évitant de rencontrer l'autre partie, en faisant comme si tout allait bien. Nous pensons ainsi faire disparaître le problème. Or **nier le conflit, c'est s'exposer à ce qu'il resurgisse plus loin, plus tard et plus durement**.

• La démission devant le conflit

Les attitudes de démission face au conflit sont aussi des plus courantes. Certes, nous reconnaissons l'existence du conflit mais nous n'y apportons pas de réponses constructives. D'une manière générale, nous cherchons à contourner l'obstacle, en détournant l'attention, en utilisant l'humour ou la

1 Lanza del Vasto, *Technique de la non-violence*, Denoël, Paris, 1971.

dérision, en laissant le hasard décider à notre place, en préférant remettre toujours à plus tard...

Il est tentant également d'adopter des attitudes de soumission et d'abandon. Comme il est plus facile d'être du même avis que de s'opposer, on cherche l'accord systématique (accommodement, compromission) pour préserver la relation au détriment de l'objet du conflit, ce qui nous conduit à l'abandon de nos intérêts, de nos besoins. ***La démission*** est souvent liée à la **peur d'affirmer son opinion, ses droits, son pouvoir**. Il est vrai qu'il faut parfois du courage pour affirmer un point de vue minoritaire au sein d'une assemblée. On finit par penser qu'il vaut mieux ne rien dire plutôt que risquer l'échec d'une intervention en public.

La soumission relève d'un sentiment d'infériorité lié à une **dévalorisation de sa propre personne** : "Je n'ai pas vraiment d'idées personnelles", "D'autres sont plus compétents que moi"... Démission ou soumission permanentes peuvent avoir des conséquences dangereuses en provoquant des réactions parfois violentes, contre soi ou contre les autres, liées à l'accumulation de frustrations.

Dans la gamme des réponses de démission devant le conflit, il y a la pseudo-équité qui consiste à s'en tenir au strict moyen terme entre deux positions. Personne n'obtient satisfaction, le résultat est inefficace et ne répond pas aux intérêts des protagonistes. Ce renoncement généralisé ne fait que prolonger, voire renforcer le conflit. Décrivant les mécanismes de la relation parents-enfants, Michel Ghazal insiste sur le danger qu'il y a à céder sur ses propres intérêts : "Plus j'exerce une pression sur quelqu'un, plus j'accrois sa résistance. L'épreuve de force n'est donc pas la démarche qui convient car elle induit le contraire de ce que je désire. A l'inverse, en évitant le conflit non seulement on crée une angoisse chez l'enfant, mais on lui montre que le parent n'est pas capable de défendre et de protéger ses propres intérêts [2]."

La fuite est généralement classée au rang des attitudes de démission. Cependant, c'est parfois la seule réponse efficace pour mettre la violence hors-jeu et laisser le temps aux tensions de s'apaiser avant d'envisager toute procédure de résolution du conflit.

• La réponse violente

Entrer sans délai dans la bagarre est, à coup sûr, une réaction énergique... même si elle n'est pas suffisamment réfléchie et organisée. On fonce "bille

2 Dans son livre *Mange ta soupe et tais-toi !* (Seuil, Paris, 1992) Michel Ghazal étudie les stratégies inappropriées dans les conflits parents-enfants, résultats des idées reçues et de confusions sur le conflit, la nature de la situation, la relation, le pouvoir...

en tête", on rend coup pour coup ou, mieux, deux pour un. Insultes, violences physiques et psychologiques... tous les moyens sont utilisés. Dans cette approche exclusivement "compétitive", la relation à l'autre ne compte pas et le moindre incident va dégénérer rapidement en bagarre généralisée. Ce qui m'importe ce n'est pas la solution du conflit mais le maintien de mon propre pouvoir. Ainsi que l'écrit Jacques Semelin, complétant les thèses du philosophe René Girard, "la violence détourne le conflit de son objet vers le seul jeu de la rivalité mimétique des antagonistes [3]." Qu'importe alors l'objet du conflit, son origine, je ne me concentre plus que sur mon adversaire avec la volonté farouche de le dominer, de sortir vainqueur de la confrontation. L'approche non-violente, au contraire, va consister à mettre en œuvre une dynamique "qui vise notamment à recentrer le conflit sur son objet, à médiatiser l'affrontement et à renverser le rapport à la mort [4]." La confrontation violente bloque toute solution ou conduit à de nouvelles situations chargées de conflits potentiels encore plus graves. La rancune et le ressentiment de la "victime" se traduiront tôt ou tard par un **désir de vengeance**. La violence est donc non seulement inefficace pour trouver une solution au problème mais elle empêche l'émergence d'une nouvelle dynamique de résolution des conflits. "La violence exclut toute autre alternative, élimine toutes les possibilités supérieures, intéressantes et originales de l'Homme ou ne les utilise à la rigueur que comme un instrument de légitimation. La violence se répète sous la contrainte d'une compulsion toujours semblable à la destruction. Elle ne connaît qu'une dimension, elle est plate et monotone. Elle est le symptôme d'un désordre ou la stratégie préférée de ceux qui ne savent rien faire d'autre, qui ne trouvent pas d'autres idées, qui ne sont pas capables de sentir ni de participer aux sentiments des autres. Elle est le produit d'une paresse d'esprit, d'une pauvreté de sentiment et d'un manque d'imagination [5]."

• L'approche non-violente

L'attitude non-violente face au conflit consiste à considérer la situation sans *a priori*, sans peur ni indifférence et à engager un processus de gestion qui puisse aboutir, si possible, à une solution satisfaisante pour les parties en présence. Cette confrontation non-violente peut prendre diverses formes

3 Jacques Semelin, *Pour sortir de la violence*, Éditions Ouvrières, Paris 1983.

4 Christian Mellon et Jacques Semelin, *La non-violence*, Que sais-je ?, PUF, Paris 1994.

5 Friedrich Hacker, *Agression-violence dans le monde moderne*, cité par Eirick Prairat : "Peur, conflit, violence", in *L'action non-violente, guide théorique et pratique*, Non-Violence Actualité, Montargis, 1985.

selon la nature du conflit. Il peut s'agir d'une **négociation** qui aboutisse à un compromis dans lequel chaque partie, après avoir affirmé clairement ses besoins et ses intérêts, cède une partie de ses prétentions pour aboutir à un accord final. Plus positive encore, la **solution coopérative** est élaborée conjointement par les protagonistes qui font preuve d'imagination et de respect de l'autre pour que les besoins et les intérêts de chacun soient réellement pris en compte. En réalité, le protagoniste n'est pas toujours disposé à la négociation et au compromis. Il peut chercher à maintenir son pouvoir quitte à perpétuer une injustice ou à bafouer des droits fondamentaux. La confrontation pourra nécessiter l'intervention d'une tierce partie médiatrice ou, plus radicalement, déboucher sur une lutte non-violente dont l'enjeu est d'exercer un rapport de forces qui contraigne l'adversaire à la négociation.

L'approche coopérative des conflits est une attitude de confrontation non-violente, d'opposition constructive. Cette attitude passe par la reconnaissance d'une image nouvelle du conflit qui restitue sa complexité et sa richesse. Quand il est maîtrisé, le conflit a un effet dynamique. En ce sens, il est constructeur. L'approche non-violente est le contraire de la négation du conflit, elle en est l'acceptation. Elle ne le recherche pas à tout prix mais elle se doit de le révéler dès qu'il se dessinera. Le plus tôt sera le mieux.

La confrontation, l'acceptation du conflit demande de l'énergie, de la détermination, en un mot de l'agressivité, précédemment définie comme la force vitale organisée de façon positive et constructive (appelée encore combativité). Cette énergie ne recherche pas la négation ou la destruction de l'adversaire, mais la mise à jour de l'objet du conflit sans attenter à l'intégrité physique ou morale de la partie adverse. Révéler le conflit, le reconnaître et mettre en œuvre une agressivité positive sont les préalables à une approche nouvelle de la résolution non-violente des conflits. **Se réapproprier le conflit, c'est se réapproprier son propre pouvoir** : la capacité à agir sur soi, sur les autres et sur son environnement.

Devant un conflit, il y a différentes formes de réaction que l'on peut classer en quatre grandes catégories : la négation, la démission, la confrontation violente et l'approche non-violente.

A l'opposé de la passivité ou de la résignation, mais sans tomber dans l'engrenage de la violence, l'attitude non-violente consiste à considérer la situation sans a priori, *sans peur ni indifférence et à engager un processus de gestion qui puisse aboutir, si possible, à une solution satisfaisante pour tous.*

Dans cette perspective, la négociation consiste à rechercher un compromis acceptable par les parties en présence. Plus élaborée, la solution coopérative est construite conjointement par les protagonistes capables de faire preuve d'imagination et de respect de l'autre pour que les besoins et les intérêts de chacun soient réellement pris en compte.

10. Vers une solution au conflit

La relation à l'autre est souvent l'expression d'une confrontation, voire d'un affrontement entre des besoins, des intérêts, des valeurs. Chaque personne défend ses idées, ses droits, sa liberté, sa vie... Le conflit met en lumière ce que l'individu considère comme essentiel dans sa propre existence : chacun se bat pour ce qui lui semble fondamental. Dans le tissu des relations humaines, l'approche non-violente instaure et développe des mécanismes de régulation pour désamorcer les conflits et les faire évoluer vers une issue positive. La gestion des conflits n'est pas un processus purement mécanique. Elle met en jeu des personnes avec leurs comportements, leurs sentiments, leurs perceptions. C'est donc du conflit lui-même et de ses acteurs que peuvent émerger les éléments nécessaires à une gestion constructive. Une intervention extérieure qui ne s'appuie pas sur ce principe ne trouvera pas de réelle efficacité. De même, il est nécessaire d'avoir une réelle connaissance du processus de résolution, cadre dans lequel les méthodes de communication et d'écoute vont prendre toute leur importance.

• Solution complexe... et riche

Toute relation est multidimensionnelle, soumise à de nombreux facteurs. Le plus souvent, le conflit est l'expression de cette complexité des rapports humains. La solution elle-même ne pourra être que complexe et... riche. Toute gestion des conflits, en effet, demande de l'énergie, du temps et de l'imagination :

- *de l'énergie* qui, à l'image du feu, peut être une source de bien-être ou au contraire élément destructeur si la violence n'a pas été soigneusement mise hors d'état de nuire.
- *du temps*, car le conflit résulte souvent de facteurs interpersonnels qui créent l'intensité de la dispute et génèrent de profonds sentiments de méfiance, de haine et de vengeance. Il faudra donc patience et temps pour démêler l'écheveau.
- *de l'imagination* aussi, puisque le but est de créer une nouvelle situation, définie comme un compromis, qui respecte les intérêts de chacune des parties en présence. Ajoutons enfin que l'une des caractéristiques majeures de la gestion des conflits est la dimension coopérative : les protagonistes

doivent faire preuve conjointement d'imagination créatrice pour élaborer une solution. Certains auteurs parlent de démarche "aïki", faisant ainsi référence à l'art du combat non-violent qu'est l'aïkido. Thomas Crum [1], notamment, a développé cette thèse selon laquelle le monde est un ensemble dont chaque individu est partie prenante, et l'énergie de nos différences peut être créatrice pourvu qu'elle s'exprime dans une démarche coopérative. La rencontre des forces intérieures des protagonistes, le choc des "agressivités positives", permet d'élaborer une issue dynamique au différend. Cette attitude, ferme mais non provocante, est également destinée à prévenir toute réaction de violence. Dans les années soixante, la stratégie non-violente du Mouvement des Droits Civiques pour l'émancipation des Noirs américains, animée par Martin Luther King, a su gagner la sympathie d'une partie de la population blanche. Des lois ont pu ainsi être votées dans le sens d'une plus grande justice, pour démanteler la ségrégation raciale. A l'inverse, les émeutes qui, dans la même période, secouèrent les Etats-Unis, occultèrent l'objet même du conflit pour n'aboutir qu'à renforcer un peu plus encore les antagonismes (notamment entre Noirs et Blancs). Rappelons que la violence est l'expression d'une force "centrifuge" qui éloigne de l'objet du conflit pour transformer celui-ci en affrontement des personnes. Quand on demande aux enfants pourquoi ils se battent, la plupart du temps ils en ont oublié la raison. L'approche non-violente tend à **recentrer en permanence sur l'objet du conflit** par une série de techniques comme l'exposé tangible des faits, la mise en scène continuelle de l'objet du conflit, l'appel au symbolique, la dramatisation de l'injustice [2]...

• La "gestion" du conflit

Par "gestion", on entend non seulement les réponses que l'on va apporter au conflit mais aussi l'ensemble des attitudes et des comportements que l'on va mettre en œuvre dès le début du conflit. Gérer le conflit c'est une **manière d'appréhender le problème**, c'est s'orienter vers un processus qui pourra permettre d'aboutir à une solution réelle, dans une démarche qui soit respectueuse des personnes, de leurs intérêts et de leurs besoins. La solution ne sera pas forcément trouvée immédiatement. Il faudra du temps, ce qui nécessitera d'**apprendre à vivre avec le conflit**. Il conviendra aussi d'éviter soigneusement tout ce qui peut augmenter les tensions et susciter une violence

---

1 Thomas Crum, *The magic of conflict*, Touchstone, Simon & Schuster Publishers, New York, 1987.

2 Lire à ce sujet *Pour sortir de la violence*, Jacques Semelin, Editions de l'Atelier, Paris, 1985, pages 131 à 154.

qui créerait une situation injuste et irréversible. C'est une question non seulement de cohérence entre la fin recherchée et les moyens utilisés mais aussi d'efficacité.

D'autres termes que "gestion" sont aussi rencontrés dans la littérature à propos du traitement du conflit. On utilise souvent le terme "résolution" bien qu'il n'y ait que rarement une solution définitive à un conflit : toute solution mise en œuvre crée en effet une nouvelle situation potentiellement génératrice de nouveaux conflits. Le terme de "résolution" fait davantage référence à des techniques, à des outils choisis en fonction des situations. Il existe également le terme de "régulation" qui met d'avantage l'accent sur l'urgence de modérer le déferlement de violence dans le conflit pour permettre son développement et donc sa gestion. Il souligne le caractère long, jamais définitif et quotidien de l'activité déployée, tout en évitant, peut-être, les certitudes de la "résolution" ou la froideur du "règlement".

Pour notre part, sans trancher en faveur de l'un ou l'autre terme, nous utilisons plus fréquemment l'expression ***"approche non-violente du conflit"*** pour évoquer l'**ensemble d'un processus long et complexe qui inclut à la fois des techniques et des comportements** et dont l'histoire va imprimer la mémoire de la relation au sein de laquelle il s'est développé. L'approche non-violente du conflit s'inscrit, plus globalement, dans la perspective d'une approche non-violente des rapports sociaux.

• Dialogue, négociation et compromis

Au cœur de la relation il y a le dialogue. Le dialogue permet la communication, l'échange, la confrontation. Il permet de comprendre le point de vue de l'autre, sans forcément le partager. Mais il n'est pas possible de résoudre tous les conflits par le simple dialogue. La confrontation nécessite souvent de négocier et, parfois même, d'utiliser d'autres procédures préalables à la négociation. Certains conflits de valeurs, par exemple, peuvent conduire à des situations (racisme, exclusions...) où il n'y a pas de compromis possible et qui nécessitent le recours à l'institution judiciaire. La Justice condamne les propos racistes ou diffamatoires sans pour autant résoudre le problème de fond à l'origine de telles attitudes. Dans d'autres situations de violences économiques ou sociales c'est l'action directe non-violente qui sera indispensable... L'action non-violente a pour but l'organisation et l'expression d'un rapport de forces destiné à contraindre l'adversaire à la négociation.

Car **le but ultime du combat est toujours la négociation**. C'est elle qui permet de résoudre le conflit en parvenant à un compromis. A l'opposé de toute "compromission", le compromis [3] ressemble à un contrat, scellant une nouvelle situation plus juste que la précédente et qui répond, au moins temporairement, aux demandes des parties en présence. Pour qu'un compromis soit considéré comme "bon", il faut que l'accord conclu soit objectivement juste, qu'il garantisse de façon durable toutes les conditions de la paix et ne préjuge pas de l'avenir. Gandhi, grande figure du combat pour l'indépendance de l'Inde, s'est souvent déclaré prêt au compromis. "C'est mon amour absolu de la vérité, disait-il, qui m'a enseigné la beauté du compromis." En étudiant les nombreuses actions qu'il a menées au cours de sa vie pour libérer son pays de l'occupation britannique, nous découvrons que Gandhi a su assouplir ses positions et adopter des compromis à sa mesure sans jamais transiger sur l'essentiel de ses principes [4]. Mais le règlement du conflit n'est pas toujours immédiat et définitif. Il demande de la patience, à quoi Gandhi ajoutait de l'humilité : "Je suis essentiellement un homme de compromis, parce que je ne suis jamais sûr que j'ai raison." Un conflit comme celui qui conduisit à l'indépendance de l'Inde, s'étala dans le temps et passa par une série de négociations, d'accords, de compromis... Ces étapes témoignent de relations vivantes, faites de "fermeté permanente [5]" dans le rapport des forces en présence. On peut néanmoins affirmer que toute gestion positive du conflit a pour résultat – sinon pour objectif – de faire progresser la justice et la paix.

• Les étapes de la résolution non-violente du conflit

Dans les conflits qui portent sur des revendications de besoins ou d'intérêts, il est possible de décrire une procédure de négociation en quatre étapes. Cette procédure est, bien sûr, théorique car, nous l'avons vu, il existe une infinité de situations et une multitudes d'éléments qui entrent en jeu dans le conflit et dans sa résolution.

Etape 1 : **Définir un temps pour parler**. La communication va permettre de faire état du différend, avec une volonté affichée de résoudre le problème. Il est nécessaire d'avoir du temps, pour maîtriser ses émotions, casser l'engrenage de l'agressivité désordonnée et de la violence, et prendre le recul nécessaire.

---

3 Lire à ce sujet "Pour une éthique du compromis", entretien avec Paul Ricœur paru dans la revue *Alternatives Non-Violentes* n°80, octobre 1991.

4 *Gandhi, artisan de la non-violence*, Non-Violence Actualité, Montargis, 1991.

5 Expression utilisée par les Latino-américains pour désigner la non-violence. Cf. *La non-violence*, Christian Mellon et Jacques Semelin, Que sais-je? n° 2912, PUF, Paris, 1994.

Etape 2 : **Exprimer clairement l'objet du conflit** en s'efforçant de comprendre la logique de l'autre et de faire comprendre sa position (écoute active, affirmation de soi, messages-je). Ce temps d'explications, quand il est possible, peut faire tomber la tension et permettre le déroulement des étapes suivantes.

Etape 3 : **Résumer le problème en identifiant les causes**. Ceci permet de voir si les deux parties ont la même appréciation de la situation. Cette étape est un pont entre la définition du problème et la recherche de solutions. Un médiateur peut parfois faciliter cette démarche.

Etape 4 : **Explorer les solutions.possibles et les examiner** soigneusement en recherchant les avantages, les inconvénients, les conséquences pour le présent, pour l'avenir... Il faut que la solution retenue soit acceptable pour les deux parties, réalisable, adaptée aux besoins, respectueuse de la relation. Prévoir éventuellement un suivi pour faire le point sur l'application de la solution.

Il est parfois important de savoir reconnaître le désaccord même si aucune solution n'est trouvée dans l'immédiat. Il faut accepter qu'il n'y ait pas toujours de solution, sans pour autant faire monter la tension.

• Différents modes de résolution des conflits

Vouloir gérer un conflit, c'est **accorder une valeur à la relation**, c'est se donner les meilleures chances de la préserver, de la renforcer. En effet, l'attitude que nous manifestons face au conflit est un précieux indicateur de l'état de la relation : je peux renoncer d'emblée à mon objectif pour ne pas risquer de nuire à la relation, ou, au contraire, je peux attacher une telle importance à mon objectif que l'avenir de la relation devient pour moi secondaire. Ces attitudes ne sont pas satisfaisantes. Le souci de concilier l'objectif que je me suis fixé et la préservation de la relation définit précisément le domaine de la gestion positive des conflits. Le respect mutuel, la communication et la coopération en sont les éléments majeurs.

Il existe différents modes de résolution des conflits dont l'utilisation dépend des situations, des circonstances, des motivations... il ne s'agit pas de proposer une échelle de valeurs. Chaque mode de gestion est révélateur d'un attachement plus ou moins grand à la relation et d'une volonté plus ou moins marquée d'aboutir à une solution. Le schéma suivant permet également de situer le degré d'implication directe des parties concernées dans la recherche de la solution.

Responsabilité des parties en cause / Solution et relation sont importantes — Intervention d'un tiers responsable / Recherche prioritaire d'une solution

◄--------+----------+---------+---------+----------+----------+--------►

Approche non-violente / Négociation / Médiation / Conciliation / Arbitrage / Jugement

Dans les situations "duelles" ou "binaires", les deux parties en présence expriment elles-mêmes leurs positions et assurent leur propre défense. Dans certains cas, elles peuvent confier à d'autres le soin de les représenter. Dans cette dernière hypothèse, le représentant (délégué, négociateur, avocat...) n'a pas pour objectif de préserver ou restaurer la relation défectueuse mais de faire valoir les intérêts de la partie qui l'a mandaté. Si elle ne se fait pas représenter, chaque partie peut aussi se faire assister d'avocats ou d'experts pour préciser l'objet de la discussion ou préparer un protocole d'accord. Directement – ou par personnes ou structures interposées – les deux parties mènent donc une négociation[6]. La négociation, telle que nous l'envisageons ici, s'attache à résoudre le conflit en arrivant le plus souvent à un compromis.

Dans les situations triangulaires (ou "ternaires"), le tiers intervenant peut avoir des rôles très différents dans le conflit selon les cas : juge, arbitre, conciliateur, médiateur... Alors que le juge "tranche" le problème, le médiateur cherche avant tout à ce que ce soient les parties en présence qui élaborent leur propre solution.

• L'arbitrage

En certaines circonstances, les protagonistes peuvent avoir recours à un arbitre. L'arbitrage est un processus volontaire dans lequel les personnes en conflit demandent à une autre personne ou institution, neutre et impartiale, de prendre une décision à leur place en vue de régler un différend. Quand le différend naît d'une transgression de la loi, l'une des parties peut faire appel, par exemple, à l'institution judiciaire. La justice prononce alors un jugement qui "tranche" le problème, selon les lois, les règles ou les coutumes en vigueur. Concernant les différends de la vie quotidienne, le résultat semble parfois inadapté : en désignant qui a raison et qui a tort, sans entrer dans les nuances, le jugement peut figer le conflit plutôt que le régler. Il y a risque

---

6 Roger Fisher et William Ury ont mis au point une méthode de négociation avec gains mutuels, décrite dans leur livre *Comment réussir une négociation*, Seuil, 1982. On pourra lire également avec intérêt : *Circulez y a rien à... négocier !* de Michel Ghazal et Yves Halifa (Le Seuil, Paris, 1997) à propos du très dur conflit qui a secoué la France en novembre-décembre 1995 en réaction à l'annonce du Plan Juppé.

de renforcer les hostilités, de faire naître des sentiments de vengeance ou de mépris. L'arbitrage privilégie la solution au détriment de la relation.

Dans les relations internationales, l'arbitrage prend le nom de "diplomatie". Au travers d'une communication plus ou moins discrète, les diplomates cherchent à harmoniser les intérêts des parties en évitant les conflits ouverts.

• La conciliation

Quand la communication entre les deux parties est bloquée, que les sentiments et les ressentiments empêchent de s'en tenir à l'objet même du conflit, la négociation directe ne peut aboutir. Il peut être utile de recourir à d'autres formes de résolution des litiges. La résolution d'un conflit peut être facilitée par l'intervention d'une tierce partie, indépendante des parties en présence mais respectueuse des deux, neutre et discrète. Tenant compte à la fois de la solution et de la relation, elle évitera soigneusement de situer son intervention sur le modèle conflictuel du gagnant/perdant.

Le tiers intervenant peut être un "conciliateur" : le conciliateur n'a aucun pouvoir de contrainte, il aide à abaisser le niveau de tension et à trouver une solution de compromis respectant les intérêts de chacun. Sa mission est de favoriser l'émergence d'une solution et de constater le règlement à l'amiable des conflits qui lui sont soumis.

• La médiation

Contrairement au conciliateur, le médiateur ne se donne pas directement une obligation de résultat quant au règlement du litige. Il aide les parties en conflit, enfermées dans leurs monologues, à se rencontrer et à renouer la communication[7]. Il tente de faire en sorte qu'elles trouvent elles-mêmes des solutions créatives conformes à leurs intérêts. Le médiateur n'a aucun pouvoir de contrainte. On dit même – un peu rapidement – qu'il n'a aucun pouvoir. Dans les faits, le médiateur est souvent lié à une structure particulière (école, mairie, tribunal, entreprise, etc.) qui le finance et de laquelle il tient un certain pouvoir. La procédure de médiation est néanmoins une démarche volontaire. Choisir la médiation plutôt que le tribunal c'est être convaincu "qu'il faudra bien finir par s'entendre", que ses intérêts seront mieux préservés par cette voie que par une décision de justice. Le médiateur offre simplement un lieu, une procédure, un savoir-faire et une attitude qui peuvent,

---

7 *La médiation*, Non-Violence Actualité, Montargis, 1993.

comme la catalyse dans une réaction chimique, favoriser le dialogue, rétablir la communication. Le tiers médiateur tente d'établir un espace, de rétablir une distance suffisante entre les antagonistes pour casser la logique de compétition et passer à une dynamique de coopération qui aboutira, sinon à une réconciliation, du moins au rétablissement minimum de la relation en vue de régler le différend qu'ils ont ensemble. Cette démarche exige de l'énergie. En proposant son aide et son assistance aux deux parties, le médiateur apporte (et laisse !) aussi sa part d'énergie dans cette dynamique. Comme dans tout processus de résolution de conflit, la communication, verbale ou non, est déterminante. Le médiateur doit avoir de grandes qualités d'écoute pour percevoir, au-delà des mots et des gestes, les rancunes et les rancœurs, les souffrances et les espérances. "Le médiateur est neutre en ce sens qu'il ne prend pas parti pour l'un ou pour l'autre ; mais on peut mieux dire en précisant qu'il est entièrement avec chacune des parties qui s'expriment. Il est partial avec l'une puis partial avec l'autre. En ce sens il est humain présent au problème vécu par chacun [8]."

La médiation peut intervenir dans tous les secteurs de la société : conflits de voisinage, école, quartiers, entreprises, relations sociales, politiques, tensions internationales... Certes, chaque situation nécessite une mise en place particulière mais les bases de la médiation restent fondamentalement les mêmes.

Le processus de médiation

1- Présentation. Le médiateur doit commencer l'audience avec calme et détermination afin de créer une ambiance favorable à la résolution du problème. Après s'être présenté, il explique comment se déroulera la séance, de telle manière qu'aucun des participants ne soit pris au dépourvu. Les règles de base sont alors établies et le rôle du médiateur est précisé.

2- Récits. On donne à chacune des parties l'occasion de présenter les faits de son point de vue, sans aucune interruption. Un bon médiateur est une personne qui écoute avec attention et compréhension. Il encourage les parties à exprimer tous les faits et sentiments cruciaux et essaie de dégager les causes sous-jacentes du problème. Après chaque récit, il demande aux participants ce qu'ils attendent exactement de l'audience et résume ensuite tous les aspects essentiels de la question.

3- Résolution du problème. Le médiateur reprend un par un chacun des différents aspects du conflit et tente d'en dégager quelques points d'entente possibles. De là, il encourage le dialogue et la coopération entre les parties

---

8 François Bazier, "Le médiateur" in *La médiation*, NVA, op. cit., p. 24.

en conflit. Il intervient fréquemment pour résumer et préciser les faits, en cherchant toujours des bases de négociation. Le médiateur peut aussi s'entretenir individuellement avec chaque partie pour chercher des compromis, des moyens de satisfaire les besoins de toutes les personnes concernées. Si, malgré ces efforts, on arrive à une impasse, quand personne ne veut ou ne peut "céder du terrain", le médiateur doit simplement rappeler les motivations de départ de chacun et conclure.

4- Accord. Si les deux parties concernées sont satisfaites des résultats de la séance et arrivent à un accord sur les aspects fondamentaux du conflit, le médiateur procède à un résumé de l'accord en présence de tous les participants. L'accord est précisé par écrit et signé par les parties. Tous les signataires s'engagent à respecter les termes de cet accord. Le médiateur pourra reprendre contact avec les protagonistes quelques semaines après, pour s'assurer que l'accord est respecté.

La médiation ne s'applique pas à toutes les situations. D'autres moyens de résolution des conflits existent, nous l'avons vu, et, s'il y a lieu, il conviendra d'engager un rapport de forces [9] avec la partie adverse pour l'amener à la table des négociations.

• L'exercice d'une contrainte

L'approche non-violente du conflit exprime avant tout une volonté de dialogue, de communication. Mais le refus de négocier de la part d'une des parties peut nécessiter la mise en œuvre d'une stratégie d'action non-violente. Le but n'est ni de convertir ni d'humilier l'adversaire, mais de le **mettre dans l'obligation de rechercher une solution**. Comme dans le processus de médiation, il y a intervention d'une tierce partie qui casse la relation de rivalité entre les protagonistes. Dans l'action directe non-violente, ce tiers est en général l'opinion publique dont on va essayer de gagner la sympathie pour qu'elle fasse pression sur la partie adverse. La contrainte s'exerce par ce rapport de forces.

Les rapports sociaux et politiques, par exemple, s'inscrivent dans des rapports de forces. L'objectif du combat non-violent est de chercher à les faire évoluer pour obtenir plus de justice ou de libertés. **La non-violence n'a rien à voir avec la passivité** : c'est le réveil de l'agressivité constructive et la mise en œuvre d'actions selon une stratégie [10] tendue vers un objectif précis. Les moyens de l'action non-violente sont nombreux : manifestations,

---

9 *L'action non-violente, guide théorique et pratique*, Non-Violence Actualité, Montargis, 1985.

10 Lire *Stratégie de l'action non-violente*, Jean-Marie Muller, Le Seuil, Paris, 1981.

grèves, boycott, non-collaboration, etc. Cela peut aller jusqu'à la désobéissance civile quand le pouvoir en place devient arbitraire et que les droits et libertés fondamentaux sont menacés. "Quand l'autorité devient arbitraire et oppressive, quand elle attente aux propriétés pour la protection desquelles elle fut instituée ; quand elle rompt le contrat qui lui assura des droits et la limita, la résistance est le devoir et ne peut s'appeler révolte [11]." Gandhi a particulièrement souligné la nécessité de cohérence entre les moyens utilisés et la fin recherchée : "Les moyens, affirmait-il, sont comme la graine et la fin comme l'arbre. Le rapport est aussi inéluctable entre la fin et les moyens qu'entre l'arbre et la semence [12]." C'est une dimension fondamentale de toute action non-violente. Les leçons de l'Histoire ne cessent de nous indiquer que l'utilisation de moyens violents pour lutter contre les situations de violence engendrent d'autres situations de violence. En réalité, la paix et la justice ne peuvent être défendues que par des moyens justes et pacifiques. L'action non-violente ne se limite pas à la modification des rapports inter-personnels, elle constitue également un moyen d'intervention dans les relations sociales et politiques, en agissant sur les structures de la société.

Dans le tissu des relations humaines, l'approche non-violente consiste à initier et développer des mécanismes de régulation pour désamorcer les conflits et les faire évoluer vers une issue constructive. La gestion des conflits demande de l'énergie, du temps et de l'imagination. Elle met en jeu non seulement des techniques mais aussi des comportements.

Dialogue, négociation, médiation... sont quelques-unes des méthodes de résolution des conflits. L'approche non-violente du conflit exprime avant tout une volonté de dialogue, de communication. Mais le refus de négocier de la part de l'une des parties peut nécessiter de mettre en place un rapport de forces à partir d'une stratégie d'action non-violente. L'objectif final sera là encore d'ouvrir des négociations pour aboutir à une nouvelle situation où la justice et les libertés soient préservées ou étendues.

---

11 *Mirabeau,* Louis Bartou, Hachette, Paris, 1913. Cité par Jacques Semelin dans "Le combat non-violent", in *Comprendre la non-violence*, Non-Violence Actualité, Montargis, 1995.

12 *Tous les hommes sont frères*, Gandhi, Gallimard, Paris, 1969.

11. L'instant de l'affrontement

Dans la confrontation conflictuelle, l'émotion et la peur tiennent une place importante. Comment contenir tout débordement lors de l'expression des sentiments et des souffrances endurées ? Comment ne pas céder à la panique en cas d'agression physique ou psychologique ? L'approche non-violente recherche d'abord le ***contrôle de soi*** *et la* ***maîtrise de la peur****. "Démarche idéalisante, précisent les sociologues Ackermann, Dulong et Jeudy*[1]*, puisqu'il s'agit d'apprendre à maîtriser le désir de mort à l'égard d'autrui et les tendances suicidaires qui laissent désarmé devant l'agression. La peur n'est pas pour autant supprimée mais virtuellement, elle ne peut plus engendrer la même attitude et le consentement contraint à l'agresseur potentiel disparaît au profit d'une alternative : faire face ou fuir dans d'excellentes conditions." Peu importe que la peur soit conjurée réellement ou virtuellement, l'essentiel est qu'elle ne doit plus dicter nos comportements et annihiler notre volonté de résistance. La fuite sera parfois l'unique solution et elle ne devra pas être assimilée à un acte de lâcheté, l'affrontement n'est jamais une fin en soi. Dans la relation agresseur-agressé, avant que l'agression physique n'ait lieu, il y a généralement communication. Si celle-ci n'est pas nécessairement assurée par des mots, elle l'est toujours par des gestes, des regards et des attitudes. "La non-violence se situe dans cet espace relationnel ou trop souvent l'agressé timoré communique à son agresseur des messages de soumission et de peur qui peuvent le conforter dans son dessein. L'agressé doit rompre cette rationalité qui le métamorphose, lentement et malgré lui, en victime*[2]*." La formation à l'action non-violente et, plus précisément, le jeu de rôle (simuler des confrontations, des situations d'agression) a pour objectif de* ***refuser d'entrer dans le rôle de victime que l'agresseur voudrait nous forcer à jouer****. Dans le face-à-face agresseur / agressé, l'agressé peut, par des messages verbaux ou corporels, inhiber la violence de son adversaire et briser la logique des rôles induite par de telles situations. Il faut que l'image de la "soumission jusqu'à la mort" nous devienne totalement*

1 Werner Ackermann, Renaud Dulong et Henry-Pierre Jeudy, *Imaginaires de l'insécurité*, Librairie des Méridiens, 1983.

2 Eirick Prairat, "De l'insécurité à la maîtrise de soi", in *L'action non-violente, guide théorique et pratique*, Non-Violence Actualité, Montargis, 1985.

insupportable pour que la résistance à l'agresseur devienne pensable et donc possible.

Jean-Jacques Samuel, formateur à l'approche non-violente des relations humaines et des conflits[3], partant de son expérience personnelle et de la théorie de la non-violence, propose une manière de réagir dans l'instant de l'affrontement, en situation de "crise". Nous reprenons ici l'essentiel de son analyse et de ses propositions.

• Gérer la peur

Avant tout, il faut **reconnaître à la peur son utilité en tant que signalisation du danger**. Personne ne saurait survivre sans elle. Nous nous jetterions en aveugle dans des situations dangereuses. La peur met aussi à notre disposition des forces que souvent nous ne soupçonnions même pas. Parmi ces ressources exceptionnelles, la moindre n'est pas la mise en alerte de tous nos sens. Cette peur-signal nous permet d'affronter le danger avec les meilleures chances de succès. Comment se fait-il donc que la peur, à d'autres occasions, nous paralyse, nous laisse prostré, provoque des réactions impulsives, contre-productives ? N'oublions pas la place de l'imaginaire dans notre fonctionnement mental. Le danger signalé par la peur est-il réel ou fictif ?

Un jeune délinquant confiait qu'il était mort de frousse quand il longeait le mur du cimetière de son village pour aller prendre le bus, au point qu'il ne pouvait s'empêcher de courir... alors que le même n'hésitait pas une minute à sauter sur quelqu'un qui le regardait de travers sans craindre les coups ni évaluer le risque de se retrouver en prison à force de récidive.

Autre situation vécue lors d'une mission humanitaire au Guatemala où il s'agissait d'accompagner des personnes menacées. Chaque jour, on trouvait dans des fossés au bord des routes, morts et torturés, deux ou trois syndicalistes, militants des droits de l'Homme, catéchistes, etc. La peur-signal éprouvée par les militants des droits de l'Homme était très utile car c'est à partir de celle-ci que l'équipe avait mis au point une série de mesures de sécurité.

La peur est souvent liée à des angoisses qui remontent à l'enfance, et sans le moindre rapport avec la réalité du moment. Sur le signal de peur se greffe la pensée qui va réalimenter l'émotion en ramenant à la surface (pas toujours consciemment d'ailleurs) les souvenirs du passé, nous laissant croire que la même chose va se reproduire, surtout si ça s'était mal terminé. La percep-

---

3 Contact : Assou, 81430 Le Fraysse.

tion plus ou moins confuse de cela nous enferme dans un cercle vicieux – peur d'avoir peur et ainsi de suite... – jusqu'à la panique voire, parfois, l'aliénation (séparation d'avec le monde réel).

• Se relier

Pour gérer ces phénomènes, fixons-nous pour objectif de rester au niveau de la peur-signal d'un danger réel. Comment y parvenir ?

La première attitude positive est d'accepter d'avoir peur, sans se prendre pour un lâche ou essayer de passer pour un héros. Martin Luther King disait "notre problème n'est pas de nous défaire de la peur mais de la maîtriser". A partir de cette attitude nous devons être capable de nous relier de trois manières :

- D'abord **se relier à soi-même**. Un moyen efficace peut être tout simplement de respirer consciemment en prenant soin d'expirer longuement. La peur dans notre passé d'enfant nous a probablement coupé le souffle comme nous pouvons le remarquer chez les enfants, aujourd'hui. Par la respiration, nous revenons au présent et nous oxygénons notre cerveau. Nous ne nous laissons pas happer par l'engrenage. Il peut être utile aussi, de nous mettre à l'écoute de nos sensations corporelles. Nous allons découvrir ce qu'est la peur : estomac noué, sueurs froides, pâleur, gorge sèche, poitrine oppressée... Et derrière tout cela, nous allons sentir la vie en nous, la force sous-jacente, à notre disposition. Les pratiquants de yoga ou d'arts martiaux mettront leur conscience dans le fameux "hara" des Japonais, centre de gravité du corps humain, un peu au-dessous du nombril.

  Ce n'est que par une pratique corporelle régulière que, le moment venu, nous serons capable de nous relier intérieurement par une réponse réflexe face au danger.

- **Se relier à la situation** : nous sommes en train de respirer ; la pensée n'a pas pu encore s'emballer et nous pouvons voir la situation avec un peu plus d'objectivité. Combien de parents focalisés sur leur querelle n'ont pas remarqué que leur enfant écoutait, muet de terreur, leurs discours furieux lors d'une empoignade. Il est nécessaire de percevoir l'ensemble de la situation pour parer au danger, anticiper les conséquences de nos actes. Nous pourrons ainsi tirer partie de la présence d'un tiers ou d'un événement fortuit (ou à créer) qui va nous sauver la mise.

- Enfin, **se relier à l'autre** : agresseur avéré ou potentiel. Reconnaître une personne humaine sous le masque de colère ou de haine. Reconnaître dans son cri, son désespoir, sa peur, sa souffrance, son impuissance. Sans naïveté, sans illusion, lui accorder le statut d'être humain en évitant de se laisser fasciner par son apparence monstrueuse. Nous reviendrons sur ces points plus loin.

• Agir consciemment

Une fois établie la relation à moi-même, à la réalité de la situation et à mon adversaire – cela peut-être l'affaire d'un clin d'œil ou de quelques secondes avec un peu d'entraînement –, je vais pouvoir passer à l'action. Et cette action que je vais choisir ou inventer à ce moment-là – fuir, remettre à plus tard, m'exprimer, avouer ma peur, m'affirmer, attaquer ou me soumettre, parler, me taire – il est fondamental de l'entreprendre consciemment sans me laisser emporter :

– Qu'est-ce que je veux vraiment ?
– Est-ce le sens du devoir qui me pousse ? L'orgueil ? La culpabilité ?
– Est-ce que je peux réaliser jusqu'au bout ce que j'envisage ?
– Qu'est-ce que j'en attends ?

Ainsi, plus tard, nous pourrons tirer les leçons de ces événements. Est-ce que cela a marché ? Est-ce que j'en suis sorti satisfait ? Sinon, est-ce que je peux essayer autre chose la prochaine fois ?

• S'interroger en profondeur

Passé le moment de crise, il peut être utile de s'interroger. Ce sera d'autant plus profitable que l'on est resté vigilant, conscient pendant l'affrontement : qui a peur ? est-ce l'enfant que j'ai été ? la situation a-t-elle rappelé une peur de mon passé ? de quoi ai-je peur ?... Souvent nous avons peur de quelque chose qui nous attire inconsciemment. Nous pouvons avoir peur de la violence parce que nous nous sentons nous-même capable de violence. Ce que nous craignons peut se trouver en nous. Enfin, toute peur a ses racines dans la peur de la mort. Et la peur de la mort ne nous renvoie-t-elle pas à la peur de la vie ? Refus de grandir, d'aller de l'avant, refus des souffrances incontournables d'une existence humaine ? Ces questions, nous aurons à nous les poser un jour ou l'autre ; un affrontement peut être une occasion de les aborder concrètement.

• Le mimétisme

Faire face à une agression nous amène à nous préoccuper de l'attitude qui, pour être la plus courante, n'en est pas moins la plus dangereuse : adopter un comportement symétrique ou mimétique. Il s'agira, au contraire, de sortir du jeu de notre adversaire. En agressant il attend de notre part le réflexe de fuite ou la contre-attaque. Gagner ou perdre. Victime ou persécuteur. Lui ou moi. Combien de rixes après bal, de fâcheries séparant les anciens amis pour des années, ont commencé sur une plaisanterie mal reçue. Un mot en entraîne un autre, le ton monte, on en vient aux injures, aux insultes, puis aux mains. Tant mieux si aucun couteau ou fusil ne se trouve à proximité. Plus tard on se retrouve penaud : "Qu'est-ce qui m'a pris ?", "Je n'ai pas voulu cela !" Le mimétisme emporte la raison, toutes nos stratégies et nos bonnes intentions. Recoller les morceaux de la relation et de notre propre image s'avère parfois plus long et laborieux que de remplacer le veston déchiré dans la bagarre. Demeurer ancré dans la peur-signal est important car le mimétisme nous entraîne vite dans une escalade particulièrement dangereuse. Il est salutaire d'avoir peur de ce piège, pour l'éviter.

Sortir du jeu (du "Je") de l'autre devient possible et peut provoquer des issues tout à fait inattendues.

Sortir du "Je" signifie se garder des stéréotypes. Voir l'autre derrière son personnage va l'aider à sortir de son rôle. Sinon, les étiquettes, les préjugés vont parler à sa place. Il confirmera probablement ce que nous pensons sur lui et un cycle vengeur va se mettre en place. De ces "jeux"-là nous ne sortons pas intacts. Les deux adversaires se disqualifient, se diabolisent l'un l'autre et se retrouvent à l'état d'objets que l'on prend ou détruit. Nous avons donc intérêt lors d'un affrontement à respecter l'autre en tant que personne, recentrant le conflit sur son objet, un acte peut-être, que l'on ne confondra jamais avec lui.

Sortir du "jeu" mimétique peut aussi se réaliser en sortant du cadre où la situation semble nous enfermer, un cadre d'apparence rationnelle souvent, parfois symbolisé par : c'est lui ou moi. Une opportunité extérieure pourra nous offrir une issue si nous savons la saisir au vol : quelqu'un passe à proximité, un téléphone sonne, une observation saugrenue nous vient à l'esprit. Une porte de sortie honorable se présente alors à l'agresseur, qui peut émerger de sa fascination et ne pas perdre la face. Ces occasions sont plus fréquentes qu'on ne croit, encore faut-il les percevoir pour en tirer parti, c'est-à-dire être relié à la situation.

• Décoder l'agressivité de l'autre

Devant un agresseur, nous essayons de comprendre quel type d'agressivité l'anime : constructive ou destructrice ? Face à un comportement d'apparence semblable : agitation, cris, provocations ... selon ce que nous allons décoder – combatif ou destructeur – notre attitude doit s'adapter. Le combatif peut être écouté : ça va le calmer, l'apaiser. On va pouvoir mettre des paroles, permettre au désir de s'exprimer. Devant le destructeur, le danger du mimétisme est accru. Il faudra éviter à tout prix l'escalade violente. Si le rapport de forces le permet, un "Stop !" peut être proféré fermement ; dans un rapport de forces défavorable la fuite peut être la solution adaptée. Mais c'est bien sûr en sortant du jeu, en évitant les stéréotypes, qu'on va permettre au destructeur de sortir de son délire, de se réengager affectivement, sans perdre la face.

• Introduire un média

La peur, le mimétisme, la destructivité/combativité... ces trois approches de la question pointent au fond vers deux manières de se comporter au cours d'une agression. Une première manière consiste à introduire un "média". Par "média" entendons **tout ce qui peut se mettre entre, faire distance, réguler la distance**. La violence est toujours une affaire de distance mal gérée dans la relation : pas assez et c'est le corps à corps, trop et nous tombons dans le désengagement. Le média va permettre la relation en rétablissant la distance appropriée : cela peut être l'espace (un bureau, un obstacle...). Il peut s'agir du temps : on ne répond pas immédiatement ("On en reparlera demain"). La loi est aussi un média. Quelquefois on doit la dire soi-même (envers un enfant, un adolescent) ou faire appel à la police. La parole est le média de la relation par excellence : parler pour ne pas taper, faire exprimer les désirs informulables qui s'expriment autrement en actes violents ou autodestructeurs. Parole et écoute, pile et face de la même pièce. Une tierce personne : médiateur, arbitre, témoin peut aussi s'interposer. Les événements, les diversions sont aussi des "médias". L'objet du conflit peut aussi médiatiser l'affrontement. Et enfin ce qui nous donne la distance intérieure, le recul nécessaire pour "voir" l'autre en vérité derrière son apparence : respiration, hara, sensations corporelles – sentir la vie en soi, en l'autre.

• Personnaliser la relation

Nous rejoignons maintenant ce qui reste l'inhibiteur le plus efficace de la violence : la personnalisation de la relation. **Reconnaître l'autre, lui donner son identité de sujet**. Même dans des circonstances dramatiques, face aux brutes les plus endurcies, cet outil-là surprend par sa puissance. Ne le croyons pas réservé aux héros. La vie qui s'exprime en nous reconnaît son image dans l'autre. "C'est lui ou moi" est une attitude simplement infantile. Ce n'est que par la relation que les sujets – "Je" – peuvent exister. Dans un lycée professionnel, il y a quelques années, un professeur a lâché devant une classe réputée faible "vous êtes la poubelle du lycée". Le lendemain matin toute la robinetterie était cassée. Sachons susciter d'autres réponses en manifestant notre respect : respect de soi-même, respect de l'autre, indissociables.

Sans nier les efforts nécessaires, notamment en ce qui concerne une préparation corporelle – yoga, arts martiaux, relaxation, créativité, etc. –, cette **attitude de respect** est efficace. C'est même parce que de nombreux responsables (enseignants, travailleurs sociaux, citoyens) pratiquent tous les jours le simple respect que la terrible violence de l'exclusion sociale n'a pas pour l'instant engendré plus de dommages. Pour s'engager dans cette dynamique, il faut un peu d'audace. Comme l'écrivait Vladimir Jankelevitch : "Pour commencer, il faut commencer et on n'apprend pas à commencer. Pour commencer, il faut simplement du courage"...

Dans la confrontation conflictuelle, l'émotion et la peur tiennent une place importante. L'approche non-violente recherche d'abord le contrôle de soi et la maîtrise de la peur. La peur a son utilité en tant que signalisation du danger. Il ne s'agit pas de la faire disparaître mais de la maîtriser en se reliant à soi-même, à la situation et à l'autre.

Le jeu de rôle peut nous aider à apprendre à réagir en situation d'agression pour refuser d'entrer dans le rôle de victime que l'agresseur voudrait nous forcer à jouer. L'introduction d'un média (parole, loi, obstacle, tierce personne, etc.) peut permettre de rétablir une distance appropriée qui coupe court à la violence. En toutes circonstances, l'attitude de respect de l'autre – le reconnaître c'est lui donner son identité de sujet – est un comportement efficace.

12. Prévenir les conflits dans les groupes

La vie des groupes (associations et organisations diverses) est riche non seulement par le nombre de personnes qui y participent mais aussi par les multiples préoccupations qui s'y rattachent. Néanmoins, ces structures génèrent souvent les mêmes types de conflits, sans permettre de déboucher sur une pédagogie de la responsabilité. L'association est pourtant un lieu privilégié d'apprentissage de la citoyenneté, de l'exercice de la responsabilité et de la régulation des conflits. Dans de nombreux groupes on rencontre des conflits qui pour être particuliers et souvent très personnalisés n'en sont pas moins courants et répétitifs. L'analyse montre que ces conflits ne se nourrissent pas seulement des comportements individuels mais aussi des structures[1] *: pouvoir centralisé, fonctionnement pyramidal... ces modes de fonctionnement induisent des mécanismes de violence, sinon d'exclusion. L'enjeu d'une telle pratique est culturel, car nos schémas de fonctionnement sont très imprégnés, même à notre corps défendant, d'une logique de la domination.*

• La structure des conflits dans les groupes

Un groupe est un organisme vivant qui, s'il est ouvert, est en permanente recomposition. S'il est fermé, il se fossilise. Quoi qu'il en soit, il va s'organiser autour de deux grands axes :

1) **Les rôles**, les fonctions ou les responsabilités qui commandent en réalité le monopole, la délégation ou le partage du pouvoir ; il en résultera ou non une hiérarchie, une pyramide du pouvoir, un partage du travail entre ceux qui décident et ceux qui exécutent, des procédures de décision par vote ou par consensus, d'élection ou de choix, de leadership (au sens d'animateur, de "catalyseur" et non de détenteur du pouvoir). L'objectif est la **recherche de la transparence** et la création de structures qui génèrent de la **prise de responsabilité** par les personnes.

---

1 La rédaction de ce chapitre est dûe à Hervé Ott, formateur et animateur du centre "Le Cun du Larzac", 12100 Millau. Pour approfondir la réflexion, on pourra se référer à : *La dynamique des groupes*, Jean Maisonneuve, Que sais-je ? PUF, Paris, 1990 ; *Autorité, pouvoir, responsabilité*, Charles Maccio, Chronique Sociale, Lyon, 1991 ; *Organisation et responsabilité*, Charles Maccio, Chronique sociale, Lyon, 1979.

2) **Le lien** d'une part, et **la tâche** d'autre part. Le "lien" englobe les relations, l'affinité, l'accueil de la souffrance et de la joie, l'affectif. La "tâche" est la production, les buts à atteindre, le rationnel, l'organisation... Certains groupes se structurent essentiellement sur l'une ou sur l'autre. L'enjeu est l'équilibre ou non entre ce qui relève de l'émotionnel et des sentiments d'une part, de la raison, de la volonté, de la décision collective, de la prospective, d'autre part.

• Instituer la régulation des conflits

Nous sommes tous des êtres faits d'émotions. Celles-ci peuvent complètement perturber, sinon très fortement influencer nos capacités intellectuelles, rationnelles. Derrière des attitudes de fatigue, de retard, d'énervement, peuvent se cacher des questions fondamentales qu'il est impossible d'aborder en réunion de "production". **Les relations entre les personnes sont donc aussi importantes que ce qu'elles font ensemble**. C'est pourquoi il est nécessaire d'y investir du temps. Et ce temps ne sera jamais perdu. Les relations de confiance, de respect, vont permettre aux membres d'un groupe de travailler en coopération et non en concurrence. Mais les relations de confiance ne se décrètent pas. Elles se construisent à partir de la qualité d'écoute qui sera produite dans le groupe, du non-jugement et de la transparence dans les responsabilités. Des moments de fête, de détente, de repas, sont nécessaires à tout **partage d'affectivité**. Mais il importe aussi d'instituer, à intervalles réguliers, un temps spécifique où ce partage d'émotions, de souffrances, de joie, trouvera sa place sans paraître incongru ou dérangeant. Ne pas instituer d'avance ces temps pour "vider son sac", conduira très souvent à des blocages d'écoute, de dialogue, à des rumeurs voire à des attitudes de sabotage inconscient.

• Des règles d'expression et une animation suivie

Ce type de partage suppose la définition de règles précises : chaque personne s'exprimera personnellement (en termes de désir, de colère, de joie, de besoins...), à partir des émotions provoquées en elle par tel ou tel comportement, parole ou événement. Et elle sera assurée d'avoir été entendue, par des réactions tout aussi personnelles des autres, une reformulation de ses propos etc. Une personne sera chargée d'animer ces partages, de les préparer, de les suivre dans la durée et d'être vigilante quant aux formes d'expression individuelles. Elle proposera des modes d'échanges qui permettent surtout l'expression symbolique et sensible (dessin, mime, collages, silence, musique...). Lorsque ces échanges font apparaître des questions de fonctionnement, celles-ci seront précisées et renvoyées aux instances, aux responsables *ad hoc*, pour être traitées au fond. D'une façon générale, ce lieu d'échange n'est pas un lieu de décision en termes de fonctionnement, de structure. C'est ce qui permet justement de s'y exprimer librement.

• Les rôles et le pouvoir qui y est attaché

Chaque personne assume un ou des rôles dans la société. Ces rôles correspondent à des besoins bien particuliers de tel ou tel groupe social pour assurer la survie du groupe. Mais ils ne sont pas forcément identifiés, donc pas "contrôlés". Les rôles de "père" et "mère" dans la famille sont reconnus, de même que dans un groupe il y a le catalyseur, le boute-en-train, le second, le contestataire... **L'enjeu de chacun de ces rôles est le pouvoir**. Ces rôles ne sont l'objet d'aucune négociation. Ils sont assumés "spontanément" par tel ou telle. Il n'y a donc aucune possibilité de les contester, voire de les contrôler par le groupe au service duquel ils sont censés être. Cette non-clarification va être la cause de très nombreuses rivalités de personnes.

• Les paramètres de toute responsabilité

C'est pour limiter les inévitables "conflits de rôles" et les conflits de pouvoir qui y sont associés que la société a créé des "fonctions" qui sont normalement définies, ou héritées comme telles, et qui correspondent à certains des besoins du groupe pour sa survie. Pour une association loi de 1901, par exemple, ceux-ci sont généralement réduits à ceux de l'information (secrétariat), de la gestion (trésorerie), du pouvoir et de la représentation (présidence). C'est déjà un progrès dans la gestion des phénomènes de violence. Mais on peut encore aller plus loin, car il y a beaucoup plus de besoins non révélés, donc mal assumés. Ce qui va créer de multiples conflits. L'enjeu est celui de la responsabilité : pour être "responsable" dans un groupe, il est nécessaire d'avoir une responsabilité au service du groupe. Sinon on est à proprement parler "irresponsable". Comment y parvenir ?

Identifier les besoins du groupe et instituer des "responsabilités"

Tout groupe pour durer doit répondre à des besoins : on a cité ceux qui sont les plus fréquemment repérés (la gestion, l'information, la représentation). Mais il en existe beaucoup d'autres selon les différentes formes de groupe : on peut citer l'animation (souvent confondue avec la fonction de présidence), l'accueil des nouvelles personnes pour leur intégration, l'administration, la formation, la médiation dans les conflits, et pourquoi pas l'animation des enfants (si c'est nécessaire pour libérer les parents), etc. En transformant chaque besoin identifié par le groupe en responsabilité définie collectivement et attribuée à une personne pour une durée déterminée, on permet à chaque membre du groupe de devenir responsable, tout en assurant une réelle rotation des responsabilités (non renouvelables).

Négocier entre les besoins du groupe et les désirs de la personne.

Pour attribuer les fonctions, il faut aussi tenir compte des désirs de la personne. Si c'est le groupe qui doit définir ses besoins, c'est la personne qui doit se positionner face à ce besoin, en fonction de son désir. **C'est le désir qui va permettre à la personne de s'investir et de donner le meilleur d'elle-même dans cette responsabilité**. Il se peut que certaines personnes aient de la peine à exprimer leur désir, car elles se préoccupent d'abord des besoins du groupe. Il sera nécessaire alors de leur donner un certain laps de temps pour expérimenter, puis confirmer ou changer de responsabilité.

Une stricte égalité d'importance entre toutes les responsabilités

Si des responsabilités sont perçues comme plus importantes que d'autres, cela conduira à attribuer plus d'importance aux personnes qui les portent : on reconstruit alors de nouvelles pyramides de pouvoir. On ne pourra pas éviter ce risque de la représentation. Mais on peut définir clairement le champ de pouvoir de chaque responsabilité : quelles décisions peuvent être prises seul ? quand doivent-elles être prises en groupe ? C'est cette définition du champ de pouvoir qui permettra de dire s'il y a eu abus de pouvoir ou non, si telle décision a été prise par la bonne personne ou par une autre.

Délégation de pouvoir ou délégation de responsabilité ?

On justifie la délégation de pouvoir par l'impossibilité dans laquelle se trouve tout groupe de prendre des décisions rapidement. Et ainsi, malgré toutes les précautions d'usage, on renforce la pyramide du pouvoir. Alors qu'on peut déléguer des responsabilités, avec un champ de pouvoir précis et limité : chaque personne sait quelle décision elle peut prendre rapidement et seule. Pour les autres, des structures de coordination seront mises en place. Mais il faudra lutter contre deux habitudes. L'une qui fait laisser à d'autres ce qu'on peut faire soi même. L'autre, qui consiste à prendre plus de responsabilité qu'on ne peut en assumer, au nom de la "compétence" ou de la rapidité d'exécution.

Instituer des responsabilités pour un temps limité et des bilans intermédiaires réguliers

Toute responsabilité suppose une limite dans le temps : ni trop courte (afin de pouvoir vraiment expérimenter, apprendre et s'épanouir), ni trop longue (afin de ne pas monopoliser une responsabilité qui intéresse peut-être d'autres personnes). La rotation des responsabilités permettra un enrichissement des personnes, une formation, une découverte de nouveaux domaines, et un renouvellement dans la façon de les percevoir. Toute responsabilité suppose un **temps de bilan pour faire le point personnellement et collectivement**. Temps pour vérifier par rapport à ce qui avait été prévu, temps pour adapter à la vie qui change en permanence, temps pour entendre les réactions des autres, temps pour renouveler ou prendre de nouveaux engagements.

• Les actes du pouvoir

Les actes du pouvoir sont la prise de décision et le choix de ses délégués. Pour être responsable il faut pouvoir prendre des décisions. La seule vraie manifestation de la responsabilité, donc du pouvoir est la prise de décision. **Pour pouvoir faire, il faut pouvoir décider**. A chaque responsabilité devra donc correspondre un réel pouvoir de décision, défini dans son contour et contrôlé *a posteriori*. Car le droit à l'erreur est un droit des humains et la seule voie d'accès à l'apprentissage. Chaque groupe définira donc pour chaque responsabilité ses marges de manœuvre. Le reste des décisions devra être pris collectivement. La véritable équité entre les membres du groupe résidera dans l'équité face au pouvoir de décision.

Décisions fonctionnelles et décisions politiques.

Dans chaque décision il y a une dimension technique, d'exécution, et une dimension politique. Cette dimension politique est normalement explicitée dans les “orientations” du groupe en question. Mais si on oublie de partager aussi la responsabilité de ces orientations à chacun des membres, alors on renforce la “division du travail” entre les décideurs d'un côté, les exécutants de l'autre. Chaque personne responsable d'une activité doit aussi être responsable d'une “politique”, de façon à éviter les dérives “technocratiques”.

Prises de décision : vote et majorité ou consensus et unanimité ?

Pour toutes les décisions qui ne relèvent pas du pouvoir individuel de chaque responsable, et pour renforcer la cohésion du groupe, on peut prendre les décisions au consensus. Le consensus est un processus qui permet de rapprocher les points de vue opposés, en donnant des garanties face aux craintes exprimées, en cherchant si les oppositions sont d'intérêts (légitimes) ou de personnes (illégitimes), en cherchant à se libérer des contraintes de l'urgence, bref en se donnant tous les moyens pour préserver l'unité du groupe et en admettant qu'il ne sert à rien d'avoir raison tout seul. On objecte souvent à cette méthode sa lenteur. A quoi on pourra montrer que la rapidité d'une décision par vote à la majorité est tout à fait illusoire. Car on oublie de compter tout le temps qu'il faudra passer à résister à ses remises en cause, à lutter contre les actes de sabotage par la minorité, etc. Une décision prise au consensus, qui suppose donc un véritable travail d'affrontement sur les peurs, les désirs, qui laisse le moins de place possible au non-dit aura moins de chances d'être remise en cause. Ce sera une décision sans perdant ni gagnant, une décision de chacun(e) pour tous [2].

Des décisions unanimes mais non uniformes.

On rejette le principe d'unanimité (consensus) sous le prétexte d'idéalisme. Il est vrai que l'unanimisme est un phénomène on ne peut plus suspect. Mais on oublie du coup qu'on peut être tous d'accord de ne pas prendre la même décision : c'est ce qu'on appelle une décision consensuelle non uniforme. Parce qu'elle est consensuelle elle préserve l'unité du groupe. Parce qu'elle est non uniforme elle respecte l'identité de chaque personne ou de chaque sous-groupe.

Choisir ses représentants par délégation de responsabilité ?

Si chaque personne du groupe manifeste son désir de voir telle ou telle personne assumer telle responsabilité définie en groupe en fonction des capacités qu'elle perçoit chez l'autre, alors on peut se passer des élections. Par consensus la personne qui sera choisie devra entendre aussi les craintes, les souhaits des personnes qui ne l'ont pas désignée et donner des garanties face à ces craintes. La personne ainsi choisie (mais rappelons-le toute personne du groupe doit être choisie par les autres pour assumer une responsabilité) sera responsable devant le groupe mais le groupe sera aussi responsable d'elle, de lui rappeler ses engagements, de lui proposer de l'aide face à des difficultés.

---

2 La notion de "compromis", nécessaire à toute recherche de solution sans domination, peut se décliner de plusieurs façons. Le compromis trouvé tient généralement compte des "rapports de forces", ce qui est valable pour les conflits entre les groupes. Mais à l'intérieur d'un même groupe, et pour en renforcer l'unité, le consensus est la forme la plus élaborée du compromis.

• Pouvoir, autorité et émancipation

La logique de la domination, veut que le pouvoir soit à prendre, mais à prendre à qui? **Le pouvoir est d'abord à partager**. On reste trop souvent obnubilé par le pouvoir des autres, en voulant se l'approprier, sans se douter qu'on puisse soi-même être à l'origine de son propre pouvoir. Car on peut aussi le créer : le pouvoir vient de ce que l'on fait, de ce qu'on décide de faire. Chaque fois que je réalise quelque chose dont je suis maître, je crée un nouvel espace de pouvoir. Ce qui va en naître relève alors de l'autorité : je suis auteur de moi-même. Et je ne vais plus être reconnu par mon pouvoir (sur les autres) mais par ma capacité à être autonome, à rendre les autres autonomes.

Chacun(e) peut devenir "catalyseur" dans sa responsabilité. Certaines personnes ont des charismes particuliers qui correspondent à tel besoin momentané d'un groupe. Mais il est urgent de vérifier si ces personnes n'en tirent pas un pouvoir de décision illégitime (c'est-à-dire non défini par le groupe). La tentation est immense de confier un pouvoir institué à une personne de ce type : cela renvoie à des comportements enfantins sinon archaïques de recherche de sécurité. Tout vrai "catalyseur" devrait donc toujours considérer ses paroles comme des avis sans plus, auxquels chaque personne du groupe peut adhérer ou non en toute liberté. Son vrai rôle est d'accompagner chaque personne dans l'apprentissage de la prise de responsabilité et d'accepter les décisions contraires. Mais on peut imaginer qu'à l'intérieur de chaque responsabilité, les délégués deviennent aussi "catalyseurs". C'est le but ultime du partage de la responsabilité que de **permettre à chaque personne de développer ses propres capacités à l'innovation, à la créativité**, etc. Il s'agit en fait d'un enjeu culturel capital : toute notre éducation est caractérisée par une incapacité notoire à développer le sens des responsabilités coopératives.

• Refuser les mécanismes d'exclusion

Pour lutter contre les mécanismes d'exclusion, il convient d'être solidaire et non partisan des victimes. Dans la prise de décision à la majorité ou par délégation de pouvoir, comme dans l'élection par vote, on assiste souvent au même résultat : l'exclusion. La minorité n'a pas droit à la décision ; l'élu est souvent choisi pour éliminer le battu. Le processus du "bouc émissaire" nous semble plus grave parce que plus visible (on perçoit en fait l'exclusion quand elle est déjà réalisée) mais il est en route chaque fois qu'un groupe, qu'une personne est choisie contre une autre. Un moyen de contrecarrer ce processus est de **se solidariser avec la victime ou les victimes, sans prendre parti**

pour ou contre elles. Se solidariser revient à dénoncer ce qui est violent dans le processus et dans les comportements (et non dans les personnes). Se solidariser ne signifie pas justifier les actes des exclus ni condamner les excluants, mais mettre à plat les responsabilités individuelles et collectives pour réveiller la combativité des "victimes" passives et interpeller la bonne conscience agressive des "bourreaux".

Pour fonctionner correctement et faciliter la communication, le groupe ne doit pas excéder huit personnes. Au-delà il est souhaitable de créer des sous-groupes, coordonnés entre eux par des délégués. On fonctionnera alors par délégation décentrée de responsabilité et non par délégation cumulative de pouvoirs. L'essentiel est que le pouvoir de décision revienne toujours à la base. Cette façon d'organiser la démocratie peut se mettre en place très vite dans tous les groupes où les contraintes juridiques ne l'empêchent pas : c'est le cas de la loi de 1901.

C'est en apprenant à fonctionner autrement en groupe que l'on pourra influencer durablement les rapports sociaux et jusqu'à la transformation des lois qui bloquent toute évolution plus rapide. Mais il faut d'abord commencer là où l'on est actif. Le reste évoluera sous la pression du mouvement social et par la germination d'une **nouvelle culture de la vie en groupe**.

La vie collective, dans les groupes sociaux, économiques et politiques, est riche de relations mais aussi de conflits parfois très durs à démêler. Ces structures, souvent associatives, devraient pourtant être des lieux privilégiés d'apprentissage de la citoyenneté, de l'exercice de la responsabilité et de la régulation des conflits. Les relations entre les personnes sont aussi importantes que ce qu'elles font ensemble. C'est pourquoi il est important de réfléchir aux structures que l'on se donne, aux règles d'expression, aux prises de décision, aux rivalités de pouvoir... Le partage de la responsabilité a pour but de permettre à chaque personne de développer ses propres capacités à l'innovation, à la créativité et à la coopération. L'enjeu de cette nouvelle culture de la vie en groupe est d'influencer durablement les rapports sociaux jusqu'à la transformation des lois qui bloquent toute évolution plus rapide.

13. Conflit et citoyenneté

Le respect mutuel, la communication et la coopération sont les éléments majeurs de la résolution du conflit. Ce sont également les bases de tout processus démocratique. La démocratie, en effet, est un système basé sur le dialogue, sur la confrontation des idées et des propositions. L'approche non-violente des conflits devrait y trouver une place fondamentale.

• La cohésion sociale

La gestion du conflit suppose un minimum de cohésion, aussi bien dans un groupe que dans la société. S'il n'y a pas ce minimum de sentiment d'attachement à la relation ou aux règles de vie sociale, la gestion constructive du conflit aura moins de prise. Le mépris d'autrui, la peur de la différence, sont des obstacles à la relation. Ils peuvent entraîner le dérapage du conflit vers la violence, dans un processus d'élimination de l'autre, en niant ses besoins, ses désirs et jusqu'à son existence même. L'altérité suscite des peurs irrationnelles de telle sorte que l'étranger, le chômeur, le SDF, le marginal... sont rapidement désignés comme boucs émissaires, responsables de toutes nos angoisses, de tous nos maux. Quand la loi, qui garantit les libertés individuelles et collectives, ne constitue plus le garde-fou nécessaire, le rejet de la différence peut conduire à des processus d'exclusion et d'élimination. Les débordements de violence occupent alors tout l'espace et les conflits ne peuvent trouver l'environnement nécessaire à leur expression et à leur gestion. Quel que soit le lieu du conflit, la première tâche est de **mettre la violence hors-jeu**.

• L'Etat et la violence

Pour vivre en société, libre et respecté, l'individu ne peut compter sur les seuls "bons sentiments" de ses voisins. La solidarité et la bienveillance sont certainement déterminants dans l'épanouissement d'une vie agréable et riche de rencontres (mieux vaut un voisin prévenant qu'une clôture de trois mètres surmontée de barbelés !). Mais la vie de la cité nécessite aussi un ensemble d'institutions économiques, juridiques, sociales et politiques, qui organisent les pouvoirs et assurent la régulation des initiatives des personnes et des groupes. L'une des tâches de l'Etat est de faire respecter la loi, l'ordre public et la paix civile. Pour organiser cette contrainte, l'Etat se réserve le droit de faire usage de la violence (l'Etat a le monopole de la violence), tout en l'interdisant – à juste titre – au citoyen. "En institutionnalisant la violence comme moyen légitime de gérer les inévitables conflits qui surgissent au sein de la société, l'Etat lui donne droit de cité. Dès lors, c'est l'ensemble des rapports sociaux qui se trouve contaminé par la logique de la violence. En démocratie, le but premier de la politique est de **mettre la violence hors la loi** ; ainsi l'Etat va-t-il à l'encontre de ce but en mettant la violence dans sa loi [1]." Il ne s'agit pas de faire l'amalgame entre l'Etat démocratique et l'Etat totalitaire, mais le glissement de l'un à l'autre peut s'opérer quand la violence de l'Etat n'est plus contrôlée et régulée par la vigilance et l'intervention du citoyen. Plutôt que d'essayer de supprimer les conflits par la violence, l'Etat devrait s'efforcer de les gérer par la non-violence. Ainsi, pour garantir le respect du droit, l'usage de la lutte non-violente deviendrait-il la règle et le recours à la violence l'exception.

• Le rapport à la loi

La vie collective nécessite un minimum de règles communes dont l'Etat est le garant. La fonction de la loi est d'assurer la justice pour tous, d'obliger tout citoyen à se comporter de façon compatible avec la vie collective. Quand il y a atteinte aux droits de l'Homme, aux libertés fondamentales, au respect de la vie... **le rôle de la loi est de sanctionner le délit**. Mais le citoyen ne doit pas pour autant obéir à la loi sans discernement. Il doit exercer son propre pouvoir pour que la loi soit de plus en plus juste. En dernier ressort, c'est sa responsabilité individuelle qui doit primer. C'est l'un des points forts de l'enseignement de Gandhi : "La loi de la majorité n'a rien à dire là où la conscience doit se prononcer." C'est ainsi qu'il a fait de la désobéissance civile le fondement de la résistance aux pouvoirs totalitaires. "Au lendemain de la Seconde Guerre mondiale, le tribunal de Nuremberg, jugeant les responsables nazis qui prétextaient tous de leur obéissance à la loi du Reich, a affirmé clairement que l'obéissance à une loi criminelle était elle-même criminelle. Les condamnations qu'il a prononcées le furent pour délit d'obéissance [2]." La loi n'est pas violente par principe et il est important que chaque citoyen apprenne à la respecter, tout en cherchant à **la faire évoluer vers plus de justice et de démocratie**.

---

1 Jean-Marie Muller, *Lexique de la non-violence*, IRNC / Alternatives Non-Violentes, n° 68, 1988.

2 Jean-Marie Muller, "La non-violence une idée neuve", in *Comprendre la non-violence*, Non-Violence Actualité, Montargis, 1995.

• Les limites de l'institution judiciaire

Le travail de l'institution judiciaire est de faire respecter la loi, mais ses moyens d'intervention peuvent se révéler inadaptés dans certaines situations de tensions ou de conflits sociaux. Alors que l'on attend qu'elle aide à trouver une solution au conflit, la Justice a parfois tendance à désigner un vainqueur et un vaincu, une victime et un coupable. En appliquant la loi, elle sanctionne l'acte commis, mais la sanction n'a pas toujours un lien direct avec l'objet du conflit. Comme le souligne le philosophe Emmanuel Levinas : "Dans l'Etat où les lois fonctionnent dans leur généralité, où les verdicts sont prononcés dans le souci de l'universalité, une fois la justice dite, il y a encore pour la personne en tant qu'unique et responsable, la possibilité ou l'appel de trouver quelque chose qui va réviser cette rigueur de la justice toujours rigoureuse. Adoucir cette justice, entendre cet appel personnel, c'est le rôle de chacun [3]."

Des lieux et des personnes, dans la famille ou le quartier, contribuaient autrefois au règlement de certains litiges ; ils sont aujourd'hui en voie de disparition. De plus en plus fréquemment la police et la justice sont saisies de faits qui ne constituent pas des infractions pénales et dont le règlement relèverait davantage de structures de proximité que de l'intervention de l'Etat. La détérioration du tissu social et le repli sur soi entraînent des comportements individualistes qui menacent la cohésion même de la société. De nouvelles structures de gestion et de régulation des conflits telles que la médiation dans le quartier ou à l'école sont donc nécessaires.

• Justice citoyenne

"Chaque année, des sommes considérables sont dépensées pour enquêter, poursuivre, arrêter et mettre en cause des personnes responsables de meurtres ou qui ont causé de graves préjudices. Or, la grande majorité des homicides potentiels est connue de la police, des membres de la famille, des voisins, des amis, bien avant que l'acte ne soit commis. Mais, ironie du sort, dans une société démocratique seuls les citoyens peuvent intervenir dans un conflit avant qu'il n'y ait eu violences [4]." Tel est le constat que dresse Raymond

---

3 Cité par François Poirié dans son livre *Emmanuel Levinas*, La Manufacture, Besançon, 1992. Sur les thèses d'Emmanuel Levinas et, plus généralement, sur les philosophes (Hannah Arendt, Karl Popper, René Girard, Simone Weil, etc.) qui ont réfléchi sur l'Etat et ses rapports à la violence et à la non-violence, lire *Le principe de non-violence, parcours philosophique*, Jean-Marie Muller, Desclée de Brouwer, Paris, 1995. L'auteur y plaide pour le développement d'une véritable culture de la non-violence.

4 Cité dans *La médiation*, Non-Violence Actualité, Montargis, 1993.

Shonholtz, créateur des "Centres de justice communautaire" à San Francisco, aux Etats-Unis. Si la loi ne s'applique qu'en situation de violence, si le rôle des institutions (police et justice) est de maintenir une conduite sociale minimum, **il revient au citoyen et à la collectivité** (groupe social, quartier, commune...) **d'assurer la prévention de la violence et la gestion des conflits**. C'est l'une des fonctions de la "société civile". Le citoyen ou le groupe peut plus facilement se préoccuper des besoins et des sentiments de chacun pour favoriser l'émergence d'un compromis respectant les intérêts des protagonistes. Il reste que l'institution judiciaire doit tendre également vers ce même objectif. La loi affirme le juste et l'injuste, énonce le droit, tranche les litiges d'une façon qui ne ménage pas toujours les possibilités d'une réparation et d'une réintégration de l'individu dans la vie sociale. Or la loi doit être au service de l'Homme et non le contraire.

• L'implication des parties en conflit

Le citoyen peut exercer sa responsabilité sociale en matière de résolution de conflit. La responsabilité de l'Etat est de l'y inciter en créant les conditions favorables. Pour prévenir la violence et promouvoir les valeurs de la démocratie, chacun peut prendre en charge la gestion des conflits du domaine infra-judiciaire (petits conflits, conflits naissants...). La personne a un rôle social, dans et en dehors des institutions. Dans cette justice de proximité, de "communauté", les parties en conflit jouent un rôle actif. La communication directe favorise l'expression du sens, des besoins, des sentiments qui en résultent, mais aussi des peurs et des colères. Chacun peut apprendre quelque chose de l'autre, et percevoir comment l'autre peut ne pas comprendre ses actes, ses motivations, ses intentions [5]. Chaque partie découvrira l'enjeu et la signification du conflit pour l'autre et la valeur de la relation où s'est développé le conflit. La résolution d'un conflit est l'occasion d'en savoir davantage sur soi-même et de s'enrichir des diversités culturelles, sociales, ethniques... des autres. Les initiatives de médiation sociale, interculturelle, sont la source de relations riches, pacifiées, sans crainte de la confrontation. C'est un moyen de faire progresser la justice dans les litiges de la vie quotidienne. En ce sens, l'éducation à la gestion des conflits [6] est un **processus d'éducation à la paix et à la citoyenneté**.

---

5 Sur l'approche pratique des conflits et de leur résolution, on pourra lire : *Vivre ses conflits au quotidien* de Paula Peters, Editions Humania, Bruxelles, 1996. *Everyone can win – How to resolve conflict*, Helena Cornelius et Shoshana Faire, Simon Schuster Ed., Australie, 1989.

6 Une circulaire de l'Education nationale encourage l'acquisition à l'école "des aptitudes à la résolution non-violente des conflits" (Texte en annexe).

• Renforcer la démocratie

L'école et la classe peuvent être des lieux de formation à la citoyenneté. L'exemple des "classes coopératives [7]" montre que la démocratie peut être mieux comprise par les jeunes, si elle est intégrée dans la pédagogie elle-même et dans la vie quotidienne de la classe. Etre citoyen, ce n'est pas seulement appartenir à une communauté nationale ou internationale, à une classe sociale, une famille, un quartier, un groupe religieux, idéologique... C'est aussi adhérer, s'engager, prendre part à la vie collective, syndicale, politique, associative. Etre citoyen s'apprend et les compétences s'acquièrent d'abord en participant. La citoyenneté est une dynamique, une manière de se comporter dans tous les domaines de la vie sociale. Elle s'enseigne moins qu'elle ne se vit, elle est le fruit de l'exercice quotidien d'une vie collective avec ses tâtonnements, ses réussites et ses échecs, ses satisfactions et ses contraintes.

"Toute situation politique est conflictuelle, ne serait-ce que de manière potentielle. Il en résulte que l'action politique consiste essentiellement à gérer les conflits entre individus et groupes sociaux [8]." A partir du moment où l'individu est invité à confronter ses analyses et propositions avec ses concitoyens, il est nécessaire que la société propose des modes d'échanges et de régulation des différends. En se dotant d'outils plus efficaces pour répondre aux problèmes qui se posent, la société peut favoriser la construction de relations plus solides et donc d'une démocratie plus vivante [9]. Il en va pour les individus comme pour les groupes. **Là où l'individu va renforcer sa dimension humaine et sociale, le groupe développera sa cohésion et son sens communautaire**. "Je crois, affirmait Gandhi, que la vraie démocratie ne peut résulter que de la non-violence [10]."

---

7 Célestin Freinet, *Œuvres pédagogiques*, Le Seuil, Paris, 1996.

8 Jean-Marie Muller, *Lexique de la non-violence*, op. cit.

9 Lire à ce sujet les réflexions et propositions du Mouvement pour une Alternative Non-violente, *Non-violence : éthique et politique*, Dossier pour un débat, Éditions Fondation Charles Léopold Mayer pour le progrès de l'Homme, Paris, 1996.

10 Gandhi, *Tous les hommes sont frères*, Gallimard, Paris, 1969.

La démocratie est un type d'organisation politique basé sur le dialogue et la confrontation des points de vue. Force de proposition et de contrôle, le citoyen devrait pouvoir y trouver sa place, bien au-delà des rendez-vous électoraux dont il ne perçoit pas toujours clairement les enjeux.

L'une des tâches de l'Etat est de faire respecter la loi, l'ordre public et la paix civile. Une autre de ses tâches devrait être d'organiser les conditions de la confrontation des idées, des besoins et des valeurs, en développant à tous niveaux une approche non-violente des conflits. Quels que soient le lieu ou l'objet du conflit, sa préoccupation majeure devrait être non seulement de mettre la violence hors-jeu mais également de la mettre hors-la-loi.

Le rôle des institutions de l'Etat comme la Police et la Justice est de protéger les citoyens en sanctionnant les délits : elles maintiennent une conduite sociale minimum. Il revient au citoyen et à la collectivité d'assurer la prévention de la violence et la gestion des conflits de la vie quotidienne.

L'approche non-violente des conflits est l'une des dimensions d'une approche non-violente de la vie en société.

14. Transformer sa pratique d'enseignant

Les enseignants devraient être encouragés à affronter et à dépasser leurs propres préjugés. Instituteur maintenant en retraite, Guy Goujon a exercé son métier en cherchant à mettre en application ses convictions. Se référant à l'approche non-violente pour la gestion des conflits et à la démarche coopérative de Célestin Freinet[1] *pour la pratique pédagogique, il a adapté ses comportements et ses méthodes à la vie quotidienne de la classe.*

• La règle de l'adulte

A mes débuts, j'essayais d'appliquer dans ma classe ce que j'avais appris, peut-être mal, à l'Ecole normale... Malgré quelques timides essais de travail individualisé et de mise en place de structures coopératives, je faisais marcher toute la classe au même pas, calmant l'ardeur des plus dynamiques et stimulant sans cesse les traînards : ce qui est la meilleure façon de créer des tensions. Dans un groupe de 39 garçons de 9 à 12 ans (cours moyen première année) se trouvent toujours quelques personnalités qui ne se plient pas spontanément à la règle surtout si elle est édictée par l'adulte. Ainsi chaque après-midi commençait par une séquence de calcul mental. Tous les enfants se pliaient au rite, sauf un qui, lui, refusait systématiquement de prendre ardoise et craie. Il préférait, juste à ce moment-là, se plonger dans le livre de lecture ou se livrer à d'autres spéculations. Comme "ma règle" était que tous devaient se livrer à la même activité en même temps, je ne pouvais tolérer cette transgression : mon autorité aurait été mise à mal si j'avais cédé. Alors il ne me restait plus qu'à faire usage de ma force physique pour faire marcher le récalcitrant au pas cadencé. Et c'était devenu un rituel auquel Christian, je suppose, prenait un plaisir intime. Mais pour moi, c'était épuisant de commencer chaque après-midi par une colère, prélude à une correction afin de ramener la brebis égarée dans le rang. Et cela dura jusqu'à la fin de l'année. Je n'avais pas imaginé d'autre solution que la coercition, l'usage

1 Institut coopératif de l'Ecole moderne, Pédagogie Freinet, ICEM/PEMF, 06376 Mouans Sartoux cedex.

de la force brutale. “Ma loi” était la loi de la classe : chacun n’avait qu’à s’y plier. Il fallait une forte personnalité comme celle de Christian et aussi une habitude des coups, pour oser enfreindre la règle et affronter l’adulte. Je croyais alors que mon autorité serait sapée si je tolérais le moindre manquement aux ordres donnés. **Je confondais autorité et autoritarisme**. L’autoritarisme n’est qu’un masque, un paravent derrière lequel se cachent la peur ou le mépris de l’autre, le manque de confiance en soi, une vision étroite et à sens unique de la relation. L’autorité est liée à la valeur de l’adulte (ici de l’éducateur), à sa compétence, à son sens de la justice et de l’humain, à sa compréhension de l’autre.

• Il me cherchait...

Alain, 14 ans, avait soif de pouvoir dans cette classe de SES (section d’éducation spécialisée). Un jour qu’il était particulièrement excité et perturbateur, je lui administrai une volée pour... “me” calmer. J’étais à bout de patience. Je ne pouvais pas laisser cette désobéissance, ce trouble, cette gêne, cette perturbation croissante, envahir la classe. C’était sanctionner ou laisser faire. J’aurais pu faire celui qui ne voit pas la provocation, qui ne veut pas la voir.

Mais pour le groupe, la situation devenait insupportable, les règles de calme, de respect du travail d’autrui étaient transgressées, abolies. Les points de repère progressivement adoptés depuis le début de l’année se trouvaient balayés si je n’intervenais pas. Dans cette classe, les notes avaient été remplacées par une évaluation faite par l’intéressé lui-même, les comportements étaient commentés par le groupe. En sport, nous en arrivions à être plus préoccupés par la qualité du jeu que par la victoire ; à la compétition et l’élimination des faibles, se substituait peu à peu un vécu de coopération. Chaque événement, chaque travail avait sa sanction, entraînait une conséquence sociale. Réussites, échecs, erreurs, repérés par le groupe, constituaient peu à peu un ensemble de jalons, de règles de vie qui conduisaient à un comportement positif. Pour les cas d’infraction, la sanction avait pour objectif la réparation : celui qui salissait devait nettoyer. Le perturbateur était isolé du groupe, puis réintégré à sa demande, avec accord de ses pairs et sous conditions. **La punition est la forme négative de la sanction**. La privation de plaisir (de dessert, de sortie) ou le retrait d’affection (“je ne t’aime plus”) ont pour but de sévir au sens d’exercer un sévice, de provoquer une douleur. Le comportement perturbateur d’Alain méritait indiscutablement une sanction. Mais j’avais seulement châtié son indiscipline, j’avais succombé à la colère de voir mon autorité bafouée et aussi à la peur d’être débordé par un chahut généralisé. Colère et peur, deux mauvaises conseillères pour trouver posée la question du sport et par conséquent... de la gabardine. Un jour, un garçon que j'avais eu l'année précédente arborait une gabardine un peu grande pour lui. "Tiens, mais c'est la mienne ! – Une fille me l'a donnée. – Peut-être, mais d'ici ce soir, j'aimerais la voir accrochée dans le couloir." Le soir je trouvais mon vêtement là où je le suspendais habituellement. Mes élèves auraient voulu savoir qui l'avait cachée, qui l'avait rapportée. Je n'ai pas cherché à connaître les acteurs de cette "farce".

• La gestion du temps

Le lendemain nous reprenions les activités sportives avec soulagement et joie. La situation était redevenue conforme au contrat, sans coup de gueule, sans punition, sans dénonciation, seulement par la patience, la fermeté, et j'irai jusqu'à dire, la confiance. C'est facile à dire après coup, quand le dénouement a été positif ! Dans la résolution des conflits, le temps a de l'importance. Deux enfants qui se battent ne vont pas dire dans l'instant le motif profond de leur dispute. Il faudra savoir patienter pour que se révèle la racine de leur différend. Savoir attendre ne signifie pas renvoyer à un plus tard hypothétique, une sorte de fuite devant la difficulté, mais plutôt rester vigilant et attentif, en donnant du temps aux protagonistes pour qu'ils reviennent dans une phase de moindre agressivité, que la tension diminue afin qu'ils puissent exprimer plus objectivement leur vécu, leurs reproches, leurs divergences, leurs aspirations. Envisager les exigences à satisfaire, les concessions à faire, les solutions possibles, demande aussi de la patience. Ce n'est qu'après une période de mûrissement plus ou moins longue que peut être envisagée la possibilité d'aboutir à un accord acceptable par les deux parties. **Savoir attendre dans le court terme, c'est gagner dans le long terme**. Comme La Fontaine nous le conseille, sachons apprécier les mérites de "patience et longueur de temps" en place de "force et de rage".

• Les rats de bibliothèque

Pourtant, en d'autres occasions, c'est avec rapidité qu'il faut réagir, sous peine d'entériner par notre silence des décisions inefficaces, inadaptées ou injustes. Un jour, des livres portant la griffe du collège furent découverts enterrés dans un bois. Quand les pilleurs de la bibliothèque furent identifiés, la sanction du Conseil d'établissement tomba sans hésitation : " Exclusion !" La directrice avait proposé l'exclusion temporaire des trois élèves qui avaient ainsi enterré plusieurs dizaines de livres de la bibliothèque du collège sans donner la moindre explication à ce geste. "Acte de vandalisme... pas de faiblesse... faut sanctionner !"... Manque d'imagination : la carotte ou le bâton !

Je propose alors une autre attitude : au lieu de couper les amarres, faisons qu'une heure, chaque soir après les cours, devienne un temps de relation privilégiée, non pas de punition mais d'écoute : "Et si les trois 'délinquants' restaient une heure après les cours pour réparer ? A quoi faire ? C'est à voir". Proposition acceptée puisqu'il y a trois volontaires (la directrice, son adjoint, et moi) pour "accompagner" ces deux filles et ce garçon. Le lendemain, j'inaugure le tour. Nous nous trouvons autour d'une table pour une heure de face à face, dans le silence : je note les rires de l'une, les ongles rongés par l'autre, l'agitation du troisième. "Qu'est-ce qu'on fait ? Vous avez peut-être des choses à dire". Silence... Rires... Angoisse. Ouf ! l'heure est enfin écoulée. Rien ne s'est passé, apparemment. Le lendemain, les élèves disent à la directrice : "Surtout pas comme hier avec M. G., il n'a rien dit, prenait des notes. On préfère couvrir ou réparer les livres de la bibliothèque." Ainsi fut fait. Puis mon tour revient. "Monsieur, on couvre les livres ?" "Oh non ! ça ne me dit rien, je préfère la salle de l'autre jour, autour de la table." Regards d'angoisse : il va falloir affronter le silence. Ils me demandent (sur le conseil de la directrice) ce que je notais le premier jour. Je leur montre : "Ce n'était que ça !" Les langues se délient au bout d'un temps de méditation. Le garçon tente de faire porter la responsabilité du délit à une des filles. Les trois s'engueulent sans que j'aie eu à intervenir ou à poser des questions. Puis ils en viennent à parler plus calmement de leur vie familiale : la fille qui s'ennuie à la maison, le père qui empêche toute activité sportive ou de loisirs, la mère qui fixe impérativement des heures de rentrée, le garçon qui transgresse volontairement ces limites... Je ne peux pas grand-chose, sauf écouter ces doléances, ce mal de vivre. A la troisième rencontre, nous couvrirons des livres, en continuant les échanges. Je ne savais pas ce qui pouvait sortir de la première séance. Je doute que la leçon ou même l'entretien à base de morale soit efficace. Les motivations risquent d'être bien différentes de celles que l'adulte imagine, et la bonne parole ne peut alors qu'élever le mur qui nous sépare. Je crois à la **vertu du silence pour délier les langues et faire émerger les problèmes**. La prise de conscience se fait de l'intérieur et le face-à-face avec soi-même ne peut qu'y contribuer. La sanction se révéla très bénéfique pour les trois jeunes, pour la bibliothèque et pour les professeurs.

• Les réactions au changement

L'enseignant n'a pas à craindre d'être débordé par les enfants, s'il accepte que son savoir a des limites, s'il est disposé à partir à la découverte. Et tant mieux si les travaux prévus par l'adulte sont bousculés par la curiosité et l'imagination des enfants. Il lui faut faire confiance en ses propres capacités d'adaptation et en celles du groupe. S'il se trouve devant une situation dont il ne voit pas d'emblée l'issue, il peut en faire préciser tous les éléments, exprimer les possibilités, laisser la parole circuler, et la solution pointera, se précisera, s'imposera d'elle-même. Je pense à ces ados qui, devant camper une semaine en forêt landaise, posaient la question "Pourra-t-on fumer ?" Je n'avais pas de réponse immédiate. Heureusement, car elle a eu le temps de venir d'eux-mêmes, lentement, posément, en toute responsabilité, dans le respect des lieux, des autres participants et de la sécurité.

Il est plus difficile de convaincre les parents du bien-fondé de notre pratique pédagogique. Les uns se satisfont de voir leur enfant heureux de venir en classe, les autres s'inquiètent du changement de méthode, n'en comprennent pas les modalités et ce qui est en jeu. Ils en restent aux valeurs qui leur ont été transmises, de travail imposé, obéissance et discipline et voient difficilement la nécessité de les remplacer par autonomie, imagination, créativité, responsabilité.

En ce qui concerne les collègues qui n'ont pas les mêmes conceptions de leur tâche d'éducateur, il est un moyen de se les concilier, c'est de les décharger, quand c'est possible, de l'élément perturbateur qui ne s'adapte pas à la relation autoritaire. Ce qui n'est pas une solution de tout repos pour la vie de la classe, mais c'est une trêve qui laisse plus disponible en attendant que les mois, en s'écoulant, apportent des résultats concrets, des réalisations : un journal, une exposition, un camp.

Avec la hiérarchie, chef d'établissement ou inspecteur, il est indispensable d'être en mesure de justifier nos choix de méthodes d'enseignement, en prenant appui sur les Instructions officielles s'il en est besoin. De même que la coopération est un des piliers de la vie de la classe, elle est nécessaire entre adultes. Échanger sur nos réussites et nos échecs, sur les difficultés rencontrées, faire appel aux solutions trouvées par les collègues, élargissent nos possibilités de changement et d'efficacité.

Il y a des rayons de lumière qui percent difficilement l'épaisseur de nos habitudes. Il nous appartient d'être lucides et parfois suffisamment iconoclastes pour nous libérer des idées et comportements traditionnels, tout en se gardant de prises de position extrémistes qui nous marginaliseraient et nous feraient perdre toute crédibilité. Notre façon de gérer les différends dans la classe peut être le moyen le plus simple de faire comprendre ce qu'est l'approche non-violente des conflits. Comme on n'enseigne que ce que l'on est, l'efficacité et la réalisation de notre projet pédagogique ont tout à gagner à ce que soient **mis en cohérence notre comportement et nos convictions**.

15. Organiser la médiation scolaire

La crise du système scolaire ne peut se réduire à un simple manque de moyens (enseignants, surveillants, locaux...) ou à l'archaïsme des programmes ou des méthodes pédagogiques. Le malaise de l'école est plus profond et n'est qu'une des facettes de la crise des systèmes de régulation sociale qui touche l'ensemble des secteurs de la société. Le modèle disciplinaire de l'école est basé sur le principe de la sanction allant de l'avertissement à l'exclusion. Ce mode de règlement des conflits, reproduisant le modèle en vigueur dans la société, n'est pas adapté à la nature de la relation éducative. La sanction devrait être pédagogique et faire appel aux techniques de communication. Tel est l'enjeu de la médiation scolaire : promouvoir un nouveau modèle de gestion et de régulation des conflits. Il ne s'agit pas simplement d'apporter des réponses aux problèmes immédiats de l'école que sont la violence, le vandalisme, l'absentéisme... mais d'enrichir le rôle de l'école en l'ouvrant à l'éducation au règlement des litiges. Jean-Pierre Bonafé-Schmitt, chercheur au CNRS[1], dirige une expérience de médiation dans neuf écoles classées en Zone d'éducation prioritaire des académies de Rouen et Lyon[2]. Ce projet s'étale sur plusieurs années de façon à suivre les enfants depuis l'école primaire jusqu'au lycée. Il se déroule selon une méthodologie qui permettra d'en tirer un bilan précis et des perspectives déterminantes.

• Les objectifs du projet

En premier lieu, le projet de médiation repose sur la délégation, par les responsables des établissements scolaires aux élèves médiateurs, d'un certain

1 Jean-Pierre Bonafé-Schmitt est chercheur au GLYSI-MRASH, 14 avenue Berthelot, 69363 Lyon cedex 07. Il est l'auteur notamment de *La médiation, une justice douce*, Syros-Alternatives, Paris, 1992.

2 La "recherche-action" porte sur des établissements appartenant à l'Académie de Lyon (un collège et un lycée professionnel de Vénissieux, deux écoles primaires et un collège de Saint Priest) et à l'Académie de Rouen (deux écoles primaires, un collège et un lycée professionnel de Saint-Etienne du Rouvray). Le texte reprend les résultats d'une recherche en cours de J.-P. Bonafé-Schmitt, N. Schmutz et C. Pautonnier sur *La médiation scolaire : approche comparative France-Etats-Unis*, Institut des Hautes Etudes de la Sécurité intérieure, Ministère de l'Education nationale et Délégation interministérielle à la Ville. Il y a aux Etats-Unis plus de 2 000 programmes de médiation scolaire.

pouvoir de gestion des conflits. Le rôle des médiateurs est, par une activité d'écoute active, d'aider les parties en conflit à trouver une solution à leur problème. Même avec cette limite, l'idée de déléguer un pouvoir à des élèves a suscité des oppositions au sein des établissements de la part de membres de la communauté éducative, qui craignaient une "perte de pouvoir".

En second lieu, **la médiation**, à la différence du modèle disciplinaire, **ne repose pas sur l'opposition d'intérêts et sur la sanction**, mais sur d'autres principes comme celui de la confiance, de la recherche du consensus, du compromis. La démarche de médiation implique que les médiateurs fassent preuve d'une certaine empathie en direction des parties en conflit, qu'ils établissent un climat de confiance nécessaire à toute recherche de solution négociée entre les parties.

Enfin, la médiation participe à la reconstruction d'un nouvel ordonnancement dans les établissements scolaires, qui se situe à mi-chemin entre un ordre imposé et un ordre négocié. C'est dans le cadre de la médiation scolaire, que l'on retrouve la manifestation la plus claire de cet "ordre intermédiaire" car les médiations se déroulent dans le cadre de la loi de l'établissement définie par la communauté éducative. Sur un plan pédagogique, l'activité de médiation devrait favoriser un **développement de l'autonomie des élèves** car elle leur permet d'en élaborer eux-mêmes les règles.

• Mise en place du projet

Au départ de la recherche-action nous avons fait l'hypothèse que la réussite d'un projet de médiation scolaire nécessite aussi bien une certaine institutionnalisation au niveau des établissements concernés qu'une inscription dans le temps. C'est pour cette raison que nous avons fait le choix d'établissements scolaires se situant dans la même zone, afin de suivre les élèves à partir de l'école primaire, puis au collège et enfin au lycée. Ces établissements scolaires n'ont pas été choisis au hasard puisqu'ils sont situés dans des communes (Vénissieux et Saint-Priest) où l'équipe de recherche a eu l'occasion d'intervenir pour la mise en place de médiateurs de quartier dans le cadre d'une précédente recherche-action.

Le choix de ces communes obéit à une certaine logique d'intervention de la part de l'équipe de recherche qui vise à faire du quartier un lieu pertinent d'institutionnalisation de la médiation sociale à travers la médiation de quartier ou scolaire. Dans le domaine scolaire, la Zone d'éducation prioritaire (ZEP) peut constituer ce lieu pertinent, cet espace intermédiaire entre l'école et le quartier, permettant une recomposition de l'action entre le public et le privé, favorisant l'émergence d'une **nouvelle action commune entre les**

acteurs de la vie scolaire et ceux du quartier[3]. La médiation représente, en matière de gestion des conflits, une illustration de cette nouvelle forme d'action commune, impliquant à la fois des acteurs publics et privés.

• La méthodologie

Au cours de la première année scolaire, une première phase a été consacrée à la **sensibilisation** à la gestion des conflits, par la médiation auprès des élèves, de la communauté éducative et des parents d'élèves. Pour les élèves, l'action de sensibilisation a débuté par la diffusion d'un questionnaire dans l'ensemble des classes retenues pour l'expérimentation. L'objectif de ce questionnaire était de cerner les représentations et les pratiques des élèves en matière de gestion des conflits[4]. Un questionnaire similaire sera repris à la fin des cinq années de l'action afin de mesurer les modifications dans les attitudes des élèves à l'égard des conflits. L'action de sensibilisation s'est poursuivie par une séance de travail consacrée à une **initiation** à la gestion des conflits à l'école et plus particulièrement à la médiation, afin de susciter des candidatures à la fonction de médiateurs. Par des jeux de rôle, les élèves étaient placés en situation de médiateurs dans le cadre d'un conflit. Les jeux de rôle ont été filmés à l'aide d'une caméra-vidéo afin de faciliter leur exploitation au cours d'une deuxième séance. A partir de là, nous avons procédé à l'**analyse des conflits** et aux différentes phases du processus de gestion des conflits. Cette phase d'analyse amène les élèves à réfléchir sur l'utilisation d'autres modes de règlement des conflits que la violence dans les petits litiges de la vie quotidienne à l'école comme les disputes, les insultes, les emprunts d'objets... Elle vise aussi à faire prendre conscience aux élèves de la nécessité de s'écouter mutuellement, de communiquer afin d'essayer de comprendre les attitudes, les raisons des parties en conflit. Les jeux de rôle réalisés dans chaque classe ont été utilisés pour sensibiliser les membres de la communauté éducative et les parents d'élèves lors de réunions où ont été projetés les films.

---

3 Sur cette question, lire C. Giraud, *L'action commune*, Ed. l'Harmattan, logiques sociales, Paris, 1993. Sur la question des ZEP cf. Henriot-Van Zanten, *L'école et l'espace local. Les enjeux des zones d'éducation prioritaires*, Presses Universitaires de Lyon, 1990.

4 Le questionnaire a été diffusé dans un collège et un lycée professionnel de Vénissieux, deux écoles primaires et un collège de Saint-Priest soit un total de 636 réponses, et dans deux écoles primaires, un collège et un lycée professionnel de Saint-Etienne du Rouvray soit un total de 299 réponses.

• Le choix des établissements

Le cadre territorial de la ZEP retenu pour l'expérimentation permet de suivre une cohorte d'élèves de l'école primaire au lycée sur une période de 2 ans. Car la réussite du projet de médiation scolaire ne peut se faire que s'il s'inscrit dans le temps. Il doit aussi s'inscrire dans le projet des établissements. Ainsi, pour le collège de Vénissieux, l'action s'est inscrite dans la ligne du travail déjà engagé dans le cadre d'un précédent projet entrepris au sein du Comité d'environnement social (CES). La structure CES présente l'intérêt de réunir les enseignants, les parents d'élèves et les élèves. Pour les établissements de Saint-Etienne du Rouvray, l'action s'est inscrite dans la ligne du travail déjà engagé dans le cadre de la ZEP au cours des années antérieures à travers les activités d'un "Théâtre-Forum". Dans le cadre de Saint-Priest, l'action s'est aussi développée à l'initiative de la ZEP mais en étroite concertation avec la municipalité. Au cours de ces dernières années, celle-ci a joué un rôle actif en matière de médiation puisqu'elle a mis en place des médiateurs de quartier. Dans chaque établissement, l'action de sensibilisation a été menée dans le plus grand nombre de classes c'est-à-dire quatre classes dans les écoles primaires, de CM1 et CM2, 6 classes dans les collèges, de la sixième à la quatrième et 4 classes dans les lycées, première et deuxième année de BEP. C'est parmi les élèves de ces classes qu'ont été choisis les médiateurs pour la première année de l'expérimentation étant entendu que l'année suivante, d'autres élèves seront formés à cette fonction afin que chacun ait la possibilité au cours de son cursus scolaire d'être médiateur.

• Mise en place de la structure de médiation

La réalisation du projet de médiation nécessite la mise en place de structures chargées d'élaborer le projet et d'en assurer la mise en œuvre et le suivi : un "groupe technique" et un "comité de pilotage [5]." Le **groupe technique** est chargé de la maîtrise d'œuvre du projet en assurant les phases de sensibilisation, de recrutement des médiateurs, de leur formation et de la supervision de leur activité.

Le **comité de pilotage**, composé de représentants de la communauté éducative, des parents d'élèves, des autres institutions (justice, police, travailleurs sociaux...) a pour objet d'aider le groupe technique dans la mise en œuvre

---

5 Jean-Pierre Bonafé-Schmitt et Nicole Schmutz, *La mise en place d'un dispositif d'information juridique d'aide aux victimes et de médiation aux Minguettes/Vénissieux*, Amely – Délégation Interministérielle à la Ville et au Développement social Urbain, Ministère de la Justice, Fonds d'Action Sociale, Ville de Vénissieux, Département du Rhône, octobre 1991.

du projet car celui-ci implique une recomposition des relations entre les différents acteurs intervenant dans et en dehors de l'école.

Deux types d'instances de médiation ont été mis en place : l'une composée d'élèves pour les conflits opposant des élèves entre eux et l'autre composée d'adultes (enseignants, parents d'élèves) pour des conflits opposant des enseignants et parents d'élèves.

Pour la création de l'instance de médiation entre élèves, nous avons retenu l'ensemble des établissements de la ZEP, de l'école primaire au lycée, afin de créer une dynamique commune. Pour parvenir à cet objectif, nous avons accordé une attention particulière au recrutement des futurs médiateurs et c'est pour cette raison que nous avons pris en considération pour leur choix des critères multiples comme l'âge, le sexe, l'ethnicité afin qu'ils soient le plus représentatifs possible de l'ensemble des élèves.

• Choix et formation des médiateurs

Les médiations sont réalisées à deux et pour permettre une bonne communication entre les médiateurs et les parties en conflit, il a été décidé, que dans le cas, par exemple, d'un conflit opposant un élève de troisième à un autre de sixième, ce serait des médiateurs appartenant aux mêmes classes qui seraient désignés. Nous avons aussi pris en compte d'autres critères comme la nécessité d'intégrer à la fois de "bons" élèves mais aussi d'autres considérés "à problèmes".

Une fois les candidats à la fonction de médiateur désignés, une **formation à la médiation** de huit heures fut organisée afin de leur permettre d'acquérir les techniques de médiation. Cette formation repose à la fois sur l'acquisition de méthodes pour gérer des entretiens, avec des exercices pour développer les capacités d'écoute, de reformulation... mais aussi sur les techniques d'aide à la recherche de solutions, notamment dans les cas de situations "bloquées" en raison de l'intransigeance des parties. Une part de la formation est consacrée à la **déontologie de la médiation**, signifiant ainsi que les médiateurs acceptent de suivre un certain nombre de règles comme ne pas imposer de solution, assurer le déroulement correct de la médiation ou préserver la confidentialité des propos... Une formation de huit heures peut apparaître courte mais elle est complétée par des réponses données sur des points particuliers, lors des réunions de supervision des médiateurs. L'objectif poursuivi n'est pas de faire des élèves des médiateurs professionnels, mais de les aider à développer leur capacité et leur autonomie en matière de **régulation des conflits en dehors de toute intervention des adultes**.

• La formation des adultes

Pour la création de l'instance de médiation axée sur la gestion de conflit entre adultes, nous avons choisi le cadre de la ZEP qui nous apparaissait le plus pertinent pour favoriser la diffusion de ce mode de résolution des conflits. Le projet repose sur la formation en commun de membres de la communauté éducative et de parents d'élèves appartenant aux différents établissements de la ZEP, afin d'avoir un maximum de personnes-ressources pouvant être mobilisées en fonction du type de conflit. La **formation des membres de la communauté éducative** vise à créer au niveau de la ZEP une dynamique de groupe autour de la médiation afin que cette méthode de gestion des conflits devienne la règle commune. La formation permettait aussi de multiplier les adultes référents, de favoriser à partir d'eux la diffusion d'un modèle de gestion des conflits auprès des adolescents car ces derniers n'auraient pas compris que les adultes n'utilisent pas la médiation pour gérer leurs propres conflits. Enfin, la co-médiation permet d'impliquer les parents dans la gestion des conflits et plus largement de les associer à la vie scolaire ce qui devrait permettre de **surmonter cette coupure entre l'école et le quartier**. Malgré une politique volontariste des responsables de la ZEP et de l'équipe de recherche, cette formation à la médiation des adultes ne s'est pas faite dans l'ensemble des ZEP, ce qui montre bien les différences de logiques des communautés éducatives à l'égard de la médiation.

• Supervision et évaluation du projet

Dans la mise en œuvre du projet de médiation scolaire, en raison de son caractère expérimental, nous avons élaboré un dispositif, non seulement de supervision de l'activité de médiation mais aussi d'évaluation de l'action de médiation. Sur un plan méthodologique, pour faciliter l'évaluation de l'action, nous avons créé un certain nombre d'outils, comme la constitution d'une fiche de collecte de données par affaire faisant apparaître le profil des parties en conflit (sexe, âge, classe...), la nature du conflit (type de conflit, individuel/ collectif...) et les modes de traitement du conflit (acceptation/refus de la médiation, type de solution...). Afin d'**évaluer l'impact de la médiation sur les relations scolaires**, il a été aussi établi un tableau de bord reprenant un certain nombre d'indicateurs comme le taux d'absentéisme, le nombre de sanctions prononcées, le relevé des actes de dégradation du matériel...

Cette collecte de données quantitatives a été aussi complétée par un certain nombre d'entretiens avec les principaux acteurs impliqués dans le dispositif de médiation comme les médiateurs, les enseignants, les parents d'élèves ainsi que les acteurs externes au monde scolaire comme les travailleurs sociaux, les policiers...

• Les premiers pas de la médiation scolaire

Les phases de sensibilisation et de formation des médiateurs se sont déroulées sur une année et les premiers médiateurs à être opérationnels ont été ceux de l'école primaire et du collège de Saint-Etienne du Rouvray. Quelques mois plus tard, ce fut le tour de ceux du collège de Vénissieux et enfin ceux des écoles primaires et du collège de Saint-Priest.

Au début de la recherche, nous avions fait l'hypothèse que la réussite du projet passait par la **construction d'une identité du groupe de médiateurs** car ceux-ci provenaient de classes et d'âges différents, et qu'il n'existe pas d'habitude de travail en commun au niveau de l'établissement. Pour les activités communes, c'est le niveau de la classe qui est le plus souvent privilégié, ce qui nous a amené à consacrer une partie de la formation à construire cette identité commune. Ce travail a consisté à fixer les règles de fonctionnement du groupe des médiateurs, les modes d'intervention, les modalités de connaissance des médiateurs. L'élaboration de ces règles communes de fonctionnement a suscité d'intenses discussions comme celle concernant l'identification des médiateurs. Les élèves du collège de Saint-Etienne du Rouvray ont refusé le port de tout signe distinctif comme un badge ou un brassard. En revanche, à l'école primaire, la réaction a été différente, les élèves ont proposé le port d'un badge qui a été dessiné par le frère de l'un d'entre eux. Le travail de sensibilisation effectué par les médiateurs auprès de l'ensemble des élèves, notamment leur présentation de la médiation dans les classes, l'apposition d'affiches, de la photo et la liste des médiateurs a favorisé la construction de cette identité de groupe des médiateurs. Cette activité de **légitimation** de leur intervention a été payante puisque des élèves de 6e qui étaient en conflit, ont "choisi" leur médiateur à partir de la liste. Mais cet exemple reste isolé car le plus souvent les médiateurs ont été saisis par l'intermédiaire des membres de la communauté éducative : conseillère principale d'éducation, enseignants.

• Surmonter les problèmes relationnels

L'analyse des premiers cas traités par les médiateurs tend à montrer que ceux-ci ont bien intégré leur rôle comme le montre le cas que nous allons présenter, opposant deux élèves de 4e du collège de Saint-Etienne du Rouvray. Il s'agit d'une demande de changement de classe faite par une élève de 4e qui ne supporte plus le comportement et les réflexions d'un garçon de sa classe à son égard depuis plusieurs mois. Elle s'adresse à la conseillère principale d'éducation qui lui propose de prendre contact avec les médiateurs. Conformément à la procédure de médiation, ceux-ci reçoivent séparément, dans un premier temps, les deux parties afin de leur expliquer la médiation, de connaître leur point de vue sur l'affaire, de réduire les tensions entre eux et de créer un climat de confiance, conditions nécessaires pour tenter de régler leur problème. Au cours de la rencontre, les médiateurs tentent d'amener la jeune fille à comprendre que le changement de classe ne résoudra pas le problème, que les deux élèves se retrouveront dans la cour de récréation ou dans le quartier et qu'il est préférable de discuter de leurs relations afin de trouver une solution. Après maintes discussions, les deux parties ont pris conscience que leur conflit reposait sur une incompréhension mutuelle et que chacun des deux dans le passé avait blessé l'autre sans s'en rendre compte. La discussion a pu permettre de surmonter les problèmes relationnels et l'adolescente a abandonné sa demande de changement de classe.

• Développer les expériences

Le cas précédent illustre bien l'intérêt de la médiation car le rôle des médiateurs est avant tout de rétablir la communication entre les parties en conflit, de permettre à chacun d'exposer son point de vue pour les aider à trouver ensemble une solution. L'intervention des médiateurs se justifie surtout dans les cas où la situation apparaît comme bloquée car aucune des parties ne veut perdre la face et elle se refuse à discuter avec l'autre. Dans cette affaire, ce qui nous paraît le plus important, ce n'est pas que le conflit ait été résolu mais que les médiateurs aient démontré leur capacité à le résoudre.

Dans les établissements français concernés, le recours à la médiation n'est pas encore un réflexe naturel car les membres de la communauté éducative ne renvoient pas, comme le font leurs homologues américains, les affaires en médiation et les médiateurs ne sont pas encore connus ou reconnus pas l'ensemble des élèves[6]. Ce constat tend à démontrer que la mise en place de structures de médiation faisant appel à des élèves ne relève pas encore de la culture majoritaire des élèves et les résultats provisoires dont nous disposons laissent penser que plus on s'élève dans les tranches d'âge plus la

---

6 Pour complément d'informations, se reporter à : "La médiation scolaire : les expériences des ZEP de Vénissieux et de Saint-Etienne du Rouvray", in *Actes de l'Université d'été de 1994*, Ministère de l'Education nationale, Ministère de l'Intérieur ; "La médiation scolaire : un processus éducatif" article paru dans la *Revue de Psychologie de la Motivation*.

défiance à l'égard du rôle des élèves "gestionnaires" de conflits s'élève. Ces constatations tendent à démontrer que l'intervention des élèves dans la gestion des conflits relève encore d'une "contre-culture" et que la **légitimité d'intervention des médiateurs ne se décrète pas mais s'acquiert**.

16. Apprendre à résoudre les conflits

Il existe en France une petite dizaine d'expériences de médiation scolaire [1]. Certaines de ces initiatives, comme à St Etienne-du-Rouvray ou à Blois, sont menées en lien étroit avec une intervention plus large sur les quartiers environnants. La mise en place de la médiation repose, au départ, sur une grande détermination et de solides convictions de la part de quelques personnes motivées par la recherche d'une alternative à la violence dans la gestion des conflits. La réussite scolaire devrait aussi se mesurer à l'acquisition de compétences et comportements utiles dans la vie de tous les jours tels que savoir communiquer, être courtois, gérer les conflits, etc. Brigitte Liatard et Elisabeth Diaz sont enseignantes dans un établissement privé de Sarcelles [2] qui regroupe primaire, collège, lycée général et technique, une annexe pour jeunes en grande difficulté à Garges-les-Gonesse et une antenne mobile pour les gens du voyage. Il y a au total près de 1400 élèves. Là, comme ailleurs, la violence est devenue depuis plusieurs années le mode d'expression le plus courant chez les jeunes. S'intéressant depuis longtemps à l'apport de la non-violence en éducation, ces enseignantes ont créé en 1993 un ***atelier qui propose aux jeunes de l'établissement d'apprendre à maîtriser et à gérer les mécanismes du conflit****. Filles et garçons de 12 à 15 ans, formés et volontaires, interviennent ainsi régulièrement comme médiateurs dans la cour de récréation, pour aider leurs pairs à trouver des réponses à leurs différends... un savoir-faire qu'ils utilisent très rapidement dans les querelles familiales et dont ils pourront bénéficier toute leur vie.*

• Un programme de formation

Après réflexion sur les sujets à développer pour être plus aptes à exercer la médiation, nous avons mis en place une douzaine d'ateliers d'une heure. Travailler avec des élèves de cinquième est particulièrement intéressant : les

16

---

1 Depuis 1993, la revue mensuelle *Non-Violence Actualité* présente régulièrement les expériences de médiation. NVA, BP 241, 45202 Montargis cedex.

2 Outre leur expérience de médiation scolaire qu'elles présentent ici, ces enseignantes animent des ateliers de formation pour les adultes. Pour tous renseignements : Mouvement international de la réconciliation (MIR), 68 rue de Babylone, 75007 Paris.

jeunes de cet âge ont déjà une certaine maturité et encore une relative confiance dans l'adulte. A la période de la pré-adolescence, ils cherchent à mettre des mots sur ce qu'ils ressentent. Nous travaillons d'abord à partir de jeux, de questionnaires permettant aux jeunes d'observer leur façon habituelle de gérer les différends et leur environnement.

Nous évitons tout enseignement magistral. Les premières séances sont consacrées à une **mise en confiance**, à une **meilleure connaissance des élèves entre eux et des valeurs auxquelles ils croient** et dont ils savent faire preuve. Nous apprenons aux élèves à avoir sur eux et ceux qui les entourent un regard positif, ce qui est très difficile pour certains qui ont tendance à ne voir que leurs défauts. Nous utilisons également les dessins, l'expression corporelle et la technique des rêves éveillés, tous moyens permettant aux collégiens de réfléchir et d'expérimenter autrement. Chacun arrive ainsi à mieux se connaître et connaître l'autre. Nous utilisons aussi le jeu du message que l'on se répète de participant à participant et qui finit souvent par être déformé. Cela permet un travail sur la communication, sur les mots, sur l'écoute ; quelques exemples de rumeurs ayant couru dans l'établissement permettent des échanges sur des types différents de violence. De nombreux exercices de créativité sont proposés : pour résoudre les conflits, il est souvent nécessaire de faire preuve d'imagination afin d'expérimenter de nouvelles façons de réagir.

• Jeux de rôle et exercices

Après cette formation, le deuxième temps de notre travail est axé sur des jeux de rôle concernant les conflits vécus et choisis par les élèves, ainsi que sur la tâche de médiateur. Nous employons les techniques du *"brain storming"* (avalanche d'idées) et rejouons les conflits jusqu'à trouver une solution ne désignant ni perdant ni gagnant et qui soit donc acceptable par tous. Par exemple : "Une élève a une amie qui copie sur elle en classe mais elle appréhende de le signaler au professeur, parce que son amie risque d'avoir un zéro. Comment imaginer des solutions pour régler cette situation ?" Des exercices d'écoute et de reformulation sont intégrés aux ateliers, de même que l'expression des sentiments. Certains enseignants (en français, langues vivantes...) abordent alors en cours le vocabulaire et l'expression dans ce registre des émotions. Nous utilisons largement les techniques théâtrales. Les dernières séances sont bien sûr réservées à l'exercice de la médiation entre jeunes : proche dans son déroulement de la médiation pénale, cette rencontre nécessite un apprentissage qui ne s'improvise pas.

A l'issue de ces douze ateliers facultatifs, un nouveau choix se pose aux jeunes : serai-je médiateur sur la cour ou non ? Deux élèves sur trois répondent affirmativement. Ceux qui souhaitent en rester là sont souvent réservés et demandent parfois à participer à une autre série d'ateliers ou bien ont leurs raisons que nous respectons. Ils reconnaissent en tous cas mieux se connaître et avoir bénéficié là d'ouvertures et d'échanges qui ne leur sont proposés nulle part ailleurs. Et ceux qui souhaitent être présents sur la cour ?

• De la classe à la cour

La médiation est assurée quotidiennement sur la cour de récréation entre 12h et 13h15. Pour que chacun soit informé, de nombreuses rencontres sont nécessaires. Une salle de permanence est à la disposition des médiateurs, eux-mêmes reconnaissables par un brassard vert avec deux anneaux entrecroisés. Il est important que les conflits soient réglés à l'écart des camarades qui peuvent par leur simple présence gêner le déroulement de la médiation. D'autre part, ce lieu a été choisi pour régler les conflits, il est normal d'en sortir en ayant fait des concessions tout en sauvegardant son amour propre. Les médiateurs sont en général par deux (deux garçons, deux filles). Certains sont sur la cour du primaire et les enfants plus jeunes éprouvent pour leurs aînés une certaine admiration, ils les imitent, ont un modèle auquel ils s'identifient. D'autres médiateurs sur la cour du collège interviennent à la demande des sixièmes. Il est rare que des jeunes du même âge fassent appel à eux. Les élèves délégués doivent obligatoirement suivre cette formation qui leur permettra notamment de retransmettre aux enseignants les problèmes de la classe avec le moins d'agressivité possible.

La plupart du temps, les médiateurs font preuve de beaucoup de **sérieux** et de **sens des responsabilités**. Ils apprécient de se rendre utiles, ils se situent par rapport aux plus jeunes, évaluent le chemin qu'ils ont parcouru, apprennent à discerner l'essentiel de l'accessoire, à faire preuve de fermeté. Etre capable d'aller vers les autres, s'efforcer de rester neutre et bienveillant, cela s'acquiert avec la pratique.

Voici quelques extraits du journal de bord (on y trouve en germe tous les conflits du monde des adultes...) dans lequel les médiateurs relatent fidèlement leurs interventions sur la cour de récréation, avec leurs succès et leurs échecs :

"– *Lundi 2 mai* : une fille est venue nous chercher pour nous dire que sa copine ne lui parlait plus. Elle avait fait exprès d'oublier son anniversaire. Je lui ai dit d'aller chercher sa copine et nous sommes rentrées dans la salle ; on a arrangé les choses : elles se sont expliquées.

– *Mardi 3 mai* : On a vu deux garçons en train de se battre dans la cour de récréation. On a demandé ce qui se passait. On les a emmenés tous les deux dans la salle. Ils ont réglé avec nous le conflit : ils sont repartis contents et ont recommencé le jeu (classe de CM1).

– *Jeudi 4 mai* : un garçon était en train de taper une fille ; nous sommes intervenus mais le copain de la sœur du garçon a réglé le problème et à sa façon : il nous a bousculés et a giflé la fille !

– *Jeudi 20 juin* : deux CM2 voulaient se tuer. L'un des deux s'en va l'année prochaine. Il est très nerveux. On les a emmenés dans la salle mais F. a fait une crise d'hystérie ..."

• Prévenir la violence

Si, les premiers médiateurs ont parfois essuyé des moqueries, ils ont suscité également de l'envie chez les plus jeunes du primaire qui ont dit souhaiter devenir dans leur classe de "petits médiateurs". Chez les adultes, les réactions sont intéressées : les institutrices sont dans l'ensemble favorables. L'une d'elles a fait filmer par ses élèves une interview des médiateurs. Les surveillants de cour s'investissent et dirigent les enfants en conflit vers les médiateurs. Les familles nous encouragent, elles y voient un enseignement utilisable dans de nombreux domaines. Elles constatent souvent une diminution des querelles entre frères et sœurs et davantage de dialogue. Enfin, la direction nous demande d'intervenir au niveau du lycée en formant des délégués qui puissent gérer les conflits et tensions dans leur classe. Si le bilan nous parait largement positif, nous n'avons pas la prétention de résoudre tous les problèmes. Notre travail se veut avant tout préventif mais il nous remet aussi en question, nous, adultes, car il forme des jeunes exigeants quant au droit et à la justice.

Pour une autre culture du conflit

Dans nombre de conflits, les peurs, les émotions et les ressentiments empêchent d'entendre les véritables revendications des antagonistes. Rechercher une issue positive, avec la **participation active des personnes concernées** et pour leur satisfaction respective, n'est pas une tâche facile. Quand les tribunaux mettent un terme aux conflits en s'appuyant sur la force de la loi, rares sont les situations d'où les deux parties sortent parfaitement sereines. Gagnant et perdant, vainqueur et vaincu, satisfait et déçu... le conflit est-il vraiment réglé ? Les sentiments continuent d'agiter les esprits, hypothéquant durablement toute idée d'apaisement de la relation, sans parler de réconciliation.

Développer une approche non-violente du conflit suppose de **changer sa propre image du conflit et ses comportements** pour y faire face. Cela nécessite des capacités qui pourraient être acquises dès l'école non seulement par un enseignement spécifique mais aussi par l'intégration de cette nouvelle approche au cœur même du projet pédagogique ainsi que dans la structure de l'institution scolaire. A titre d'exemple, la médiation scolaire donne des résultats tout-à-fait encourageants.

Au-delà de l'école, tous les lieux d'éducation et de formation devraient proposer d'utiles compléments sur la gestion des relations et sur la résolution non-violente des conflits. Apprendre à écouter, à exprimer ses sentiments, à négocier, à être médiateur... telles sont quelques-unes des perspectives qui pourraient modifier sensiblement les rapports humains et sociaux si elles étaient prises en compte dans les écoles de l'administration, de gestion des ressources humaines ou encore dans les filières qui conduisent aux responsabilités politiques et sociales.

Proposer une approche non-violente du conflit implique de **réviser son jugement sur la place de l'Homme dans la société et sur l'organisation même de cette société**. Peut-on accepter que la prédominance donnée à l'économique continue de générer toujours plus de conflits, de souffrances et d'exclusions ? La prévention des conflits, dimension fondamentale de l'approche non-violente, exige de s'attaquer aux sources mêmes des conflits, aux racines des injustices et aux pouvoirs des oppresseurs. Les structures et les institutions ne sont pas neutres. Elles sont concernées au plus haut niveau par le développement de la prévention et de la résolution non-violente des conflits. Dialogue social, instances de négociation, de médiation... les entreprises doivent s'ouvrir plus rapidement à ces transformations susceptibles d'améliorer la gestion des relations et des rapports de forces dans le monde du travail. En matière de relations internationales, il existe des projets de création de forces d'interposition civiles et non-violentes pouvant contribuer à faire tomber les tensions en développant des solidarités avec les populations situées en zones de conflit.

Choisir l'approche non-violente du conflit c'est **refuser la loi du plus fort en imposant la loi du respect**, c'est être convaincu que négocier n'a rien à voir avec céder, que coopérer n'est pas s'abaisser, qu'exprimer ses sentiments n'est pas signe de faiblesse. Choisir l'approche non-violente du conflit c'est **défendre ses droits et libertés** par une fermeté permanente, c'est **jouer la solidarité** là où la seule compétition n'aboutit qu'à l'exclusion, c'est, en fin de compte, se donner les moyens, individuellement et collectivement, de lutter efficacement contre la violence. Car la violence n'est ni une fatalité ni un moyen efficace de répondre aux problèmes qui se posent. C'est un choix sur lequel chacun(e) peut peser.

Pour une autre culture du conflit

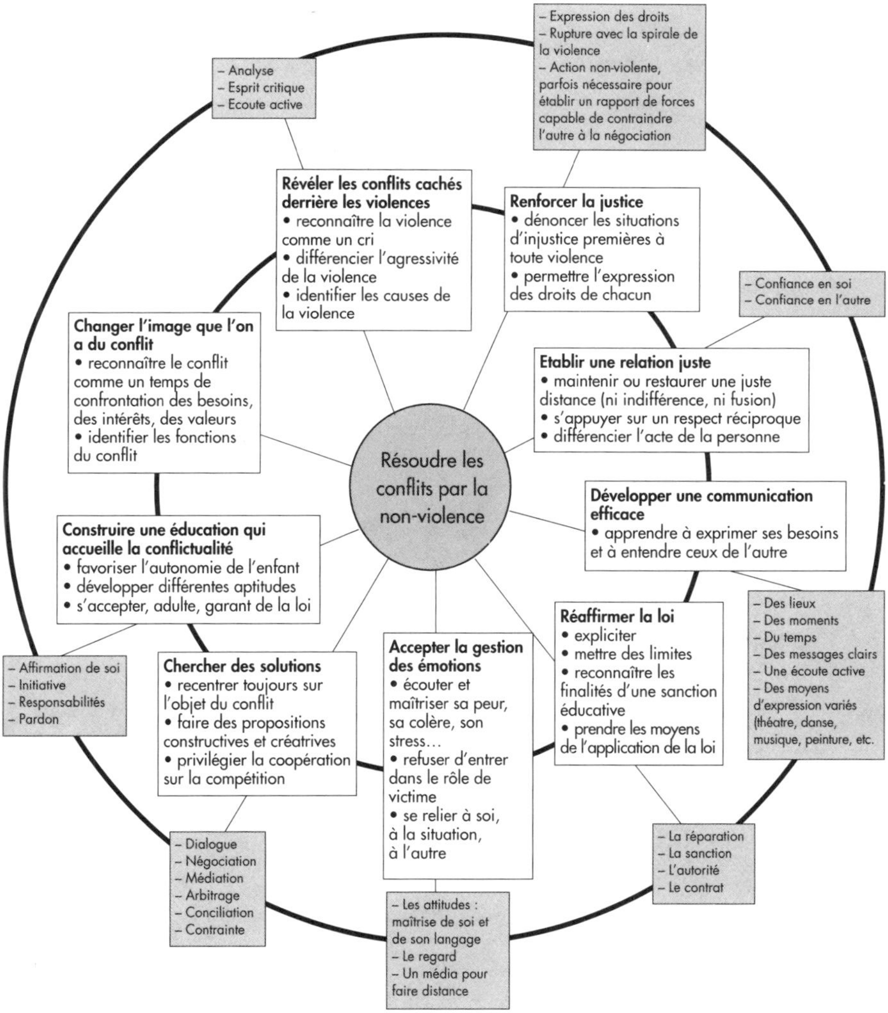

Résoudre les conflits par la non-violence suppose de réaliser un certain nombre d'objectifs intermédiaires (les principaux sont notés sur le cercle intermédiaire) qui peuvent être atteints par des moyens appropriés et cohérents avec la fin recherchée (ces moyens sont portés sur le cercle extérieur).

Synthèse

Changer notre approche des conflits

Quelques idées reçues... et quelques suggestions

1- Le conflit est une forme de violence

- *Non, mais il y a souvent confusion entre les deux. Révéler les conflits cachés derrière les violences permet de poser les problèmes, étape indispensable pour commencer à les résoudre.*

2- S'il y a conflit, c'est qu'il y a échec de la relation

- *Non, le conflit fait partie de la relation. La résolution constructive du conflit est possible et souhaitable pour établir une relation plus juste.*

3- La différence met en danger la relation

- *La relation, au contraire, a besoin d'espaces où chacun existe et communique avec l'autre, fort de ses différences et de ses ressemblances. La violence est précisément une tentative de réduire l'espace entre soi et l'autre.*

4- Une communication franche suppose de dire à l'autre ce que l'on pense de lui et ce qu'il devrait faire

- *Non, ces attitudes favorisent le durcissement des conflits. L'affirmation de soi, l'écoute active, l'envoi de messages clairs... sont garants d'une communication efficace.*

5- Pour en finir avec le conflit, il peut être utile de recourir à tous les moyens, même ceux de la violence

- *Construire une relation plus juste ne peut s'envisager que dans le respect réciproque, par le dialogue et la négociation. Il faut une cohérence entre la fin recherchée et les moyens utilisés.*

6- Dans le conflit, il est parfois difficile d'éviter les procès d'intention et les invectives

- *Il faut dissocier l'acte de la personne. Mieux vaut s'en tenir strictement à l'objet du conflit pour éviter de glisser vers un conflit de personnes.*

7- Le conflit ne concerne que ses protagonistes

- *Pour éviter tout blocage, il faut (r)établir un espace suffisant pour la relation et la communication. L'intervention d'un tiers médiateur peut y aider.*

8- Le conflit est un combat avec un gagnant et un perdant

- *Les protagonistes doivent prendre conscience qu'ils ont un problème en commun. Ils doivent donc chercher à le résoudre ensemble.*

9- Il faut s'accrocher à sa solution et la défendre jusqu'au bout pour ne pas se faire avoir

- *La solution au problème commun ne peut être que coopérative et construite à partir des besoins de l'un et de l'autre... Négocier permet d'aboutir à un compromis.*

10- Le dialogue et la bonne volonté suffisent à régler les conflits...

- *L'action non-violente est parfois nécessaire pour exercer un rapport de forces capable de contraindre l'une des parties à la négociation.*

Index

A

Action non-violente : 81, 82
Affirmation de soi : 36, 37
Agressivité : 22, 81, 87
Arbitrage : 78
Autonomie : 46, 113
Autorité : 46, 48, 96, 106
Autoritarisme : 48, 106

B

Besoins : 14, 28, 69
Bouc émissaire : 22, 96

C

Citoyenneté : 52, 90, 98
Cohésion sociale : 98
Colère : 24, 29, 101
Combat : 75, 81
Combativité : 23, 71
Communication : 24, 31, 57, 76
Communication non-violente : 31, 57
Compétition : 51, 80, 106
Comportement : 35, 74, 86, 111
Compromis : 71, 75, 95
Conciliation : 79
Confiance : 34, 50, 91
Conflit
- définition : 11
- rôles : 12
- causes : 14
- cycle : 16
- image : 15
- prévention : 17
- typologie : 13
- attitudes face au : 68
- régulation : 75, 91
- gestion : 74
- résolution : 75
- approche non-violente : 70
- étapes de la résolution : 76
- dans les groupes : 90

Confrontation : 71
Contestation : 11
Contrainte : 43, 81
Contrat : 48, 108
Coopération : 51, 77, 106
Créativité : 51, 96
Crise : 11

D

Démocratie : 61, 97, 102
Désobéissance civile : 48, 82
Dialogue : 24, 75
Différend : 78

E

Ecoute active : 36, 77, 113
Eduquer : 39
Education à la paix : 52, 101
Education non-violente : 46
Emotion(s) : 25, 28, 84, 91, 122
Energie : 11, 23, 29, 35, 73, 80
Enseigner : 39
Etat : 98
Exclusion : 21, 75, 96

F

Formation : 53

I

Injustice : 19, 23, 47
Instruire : 39
Intérêts : 14, 71

J

Jugement : 36, 41, 46
Justice : 61, 78, 100

L

Légalité : 47
Légitimité : 47
Loi(s) : 12, 28, 47, 61, 63, 99
Lutte : 11, 71

M

Médias : 15, 25
Médiation
- définition : 79
- processus de : 80
- scolaire : 112
- de quartier : 100
- sociale : 113

Mimétisme : 70, 86

N

Négociation
- notions : 71, 75
- avec gains mutuels : 78

Non-violence : 81, 102

P

Paix : 46, 52, 82
Pardon : 49
Passivité : 36, 72, 81
Peur : 24, 69, 83
Pouvoir : 14, 71, 79, 92
Punition : 61

R

Rapport de forces : 11, 35, 81
Réconciliation : 49, 80
Règle(s) : 42, 47, 61, 91
Relation
- définition : 27, 31
- éducative : 39
- de formation : 54

Respect : 34, 36, 77, 89
Responsabilité : 64, 90

S

Sanction
- définition : 61
- rôles : 62
- éducative : 64

Solution
- recherche de : 51, 70, 77
- coopérative : 71

T

Temps : 52, 73

V

Valeurs : 14
Victime : 22, 62, 66, 83, 96
Violence
- définition : 23, 29
- spirale de la : 23
- à la télévision : 25
- prévenir la : 25, 45, 101
- différentes formes de : 19

Bibliographie

Education

- *Violences, les enfants aussi*, Alternatives Non-Violentes, n°77, ANV, BP 27, 13122 Ventabren cedex.
- *Etat de violence* et *Comme une vague*, Films de Gabriel Gonnet sur la violence des jeunes, La Cathode Vidéo, Diffusion NVA.
- *C'est pour ton bien*, Alice Miller, Aubier, Paris, 1984.
- *Education à la paix, Education aux droits de l'Homme* (2 tomes), Richard Fortat et Laurent Lintanf, co-éd. Chronique Sociale, Lyon, et EVO, Bruxelles, 1989.
- *L'éducation à la paix*, Textes coordonnés par Bernadette Bayada, Colette Charlet et Maryse Michaud, avec la collaboration de Francine Best, CNDP, Paris, 1993.
- *Pour une éducation non-violente, enjeux pédagogiques et sociaux*, Non-Violence Actualité, Montargis, 1988.
- *Pratiquer la médiation en pédagogie*, Annie Cardinet, Dunod, Paris, 1995.
- *Violence familiale, scolaire et sociale*, Pierre Marc, Chronique Sociale, Lyon, Tricorne, Genève, 1996.

Ecole

- *La violence en milieu scolaire*, Eric Debarbieux, ESF, Paris, 1996.
- *La violence à l'école*, Bernard Defrance, Syros, Paris, 1988.
- *La pédagogie entre le dire et le faire*, Philippe Meirieu, ESF, Paris, 1995.
- *L'éducation face à la violence*, Yannick Joyeux, ESF, Paris, 1996.
- *La sanction : petites méditations à l'usage des éducateurs*, Eirick Prairat, L'Harmattan, Paris, 1997.
- *De la classe coopérative à la pédagogie institutionnelle*, Fernand Oury et Aïda Vasquez, Maspéro, Paris, 1991.
- *Prévenir conflits et violence : L'assertivité*, Marie Joseph Chalvin, Coll. Outils pour la classe, Nathan, Paris, 1994.

Conflit

- *Conflits : origines, évolutions, dépassements*, Sous la direction d'Armand Touati, Co-édition Hommes et perspectives et Le Journal des Psychologues, 1990.
- *Comment réussir une négociation*, Roger Fischer et William Ury, Le Seuil, Paris, 1982.
- *Circulez y a rien à... négocier !* Michel Ghazal et Yves Halifa, Le Seuil, Paris, 1997.
- *La Médiation*, coordonné par Yvette Bailly, François Bazier, Guy Boubault et Isabelle Filliozat, Non-Violence Actualité, Montargis, 1993.
- *La médiation, une justice douce*, Jean-Pierre Bonafé-Schmitt, Syros-Alternatives, Paris, 1992.
- *Le temps des médiateurs*, Jean-François Six, Le Seuil, Paris, 1990.

Communication

- *L'alchimie du bonheur*, Isabelle Filliozat, Ed. Dervy.
- *L'intelligence du cœur – Rudiments de grammaire émotionnelle*, Isabelle Filliozat, Jean-Claude Lattès, Paris, 1997.
- *Le développement de la personne*, Carl Rogers, Dunod, Paris, 1968.
- *T'es toi quand tu parles – Jalons pour une grammaire relationnelle*, Jacques Salomé, Albin Michel, Paris, 1992.
- *L'écoute, attitudes et techniques*, Jean Artaud, Chronique Sociale, Lyon, 1995.
- *Mange ta soupe et tais-toi ! Une autre approche des conflits parents-enfants*, Michel Ghazal, Le Seuil, Paris, 1992.

Non-violence

- *La non-violence*, Christian Mellon et Jacques Semelin, Que sais-je ? PUF, Paris, 1994.
- *Pour sortir de la violence*, Jacques Semelin, Ed. de l'Atelier, Paris, 1983.
- *Stratégie de l'action non-violente*, Jean-Marie Muller, Le Seuil, Paris, 1981.
- *Lexique de la non-violence*, Jean-Marie Muller, IRNC/Alternatives Non-violentes, Montargis, 1988.

- *Le principe de non-violence*, Jean-Marie Muller, Desclée de Brouwer, Paris, 1995.
- *Tous les hommes sont frères,* Gandhi, Gallimard, Paris, 1969.
- *Combats pour la liberté*, Martin Luther King, Petite Bibliothèque Payot, Paris, 1968.
- *Non-violence : éthique et politique*, Mouvement pour une Alternative Non-violente (MAN), La librairie FpH, 1996.

Livres pour enfants

- *Donne moi ça, sinon...*, Thierry Lenain/Boiry, Rouge et Or, Paris, 1991. (5-8 ans).
- *Marie a des problèmes*, Charlotte Firmin et Christel Delcoigne, Gamma / Héritage, 1992. (5-8 ans).
- *Le pont des enfants*, Max Bolliger, Le Cerf, Paris, 1979. (8-10 ans).
- *Gandhi, le pèlerin de la paix*, Bande dessinée, Bayard, Paris, 1989. (8-14 ans). Diffusion NVA.
- *Martin Luther King*, Bande dessinée, Bayard, Paris, 1985 (8-14 ans). Diffusion NVA.
- *Racket*, Aidan Chambers, L'école des Loisirs, Paris, 1986. (9-12 ans).
- *Ganesh*, Malcolm J. Bosse, Castor Poche / Flammarion, Paris, 1983. (11-14 ans).
- *Le bahut*, Tito, Bande dessinée, Coll. Tendre banlieue, Casterman, Paris, 1992. (12-16 ans).
- *Max se bagarre*, Dominique de Saint-Mars et Serge Bloch, Calligram, Paris, 1997. Diffusion NVA.
- *Jérémy est maltraité*, Dominique de Saint-Mars et Serge Bloch, Calligram, Paris, 1997. Diffusion NVA.
- *Max est racketté*, Dominique de Saint-Mars et Serge Bloch, Calligram, Paris, 1997. Diffusion NVA.

L'Education nationale et la résolution non-violente des conflits

Le Conseil de l'Europe a adopté, le 14 mai 1985, une recommandation aux États membres, afin que soient favorisés l'enseignement et l'apprentissage des droits de l'Homme dans les établissements scolaires (Recommandation R 85-7 du comité des ministres du Conseil de l'Europe). Le gouvernement français, par la voie de Jean-Pierre Chevènement, ministre de l'Education nationale, a transmis cette recommandation à tous les chefs d'établissements de France par l'intermédiaire des recteurs et des inspecteurs d'académie (Circulaire n°85-192 du 22 mai 1985, parue au Bulletin Officiel n°22 du 30 mai 1985).

Suggestions pour l'enseignement et l'apprentissage des droits de l'Homme dans les écoles.

1. Les droits de l'Homme dans les programmes scolaires

1.1 La compréhension et l'expérience vécue des droits de l'Homme sont, pour les jeunes, un élément important de la préparation à la vie dans une société démocratique et pluraliste. C'est une partie de l'éducation sociale et politique, qui englobe la compréhension interculturelle et internationale.

1.2 Les concepts liés aux droits de l'Homme peuvent et doivent être assimilés dès le plus jeune âge. Par exemple, **les enfants du préscolaire et du primaire peuvent déjà faire l'expérience du règlement non-violent des conflits et du respect d'autrui dans le cadre de la classe.**

1.3 L'initiation des jeunes à des notions plus abstraites de droits de l'Homme, comme celles qui supposent la compréhension de concepts philosophiques, politiques et juridiques, pourra se faire au niveau secondaire, en particulier dans des matières telles que l'histoire, la géographie, les études sociales, l'éducation morale et religieuse, les langues et la littérature, les problèmes d'actualité ou les sciences économiques.

1.4 Les droits de l'Homme touchant inévitablement au domaine politique, l'enseignant devra toujours prendre pour point de référence des accords ou des pactes internationaux et il lui faudra veiller à éviter d'imposer ses convictions personnelles aux élèves et de les entraîner dans des luttes idéologiques.

2. Aptitudes

Les aptitudes nécessaires pour comprendre et soutenir les droits de l'Homme sont notamment les suivantes :

I. Aptitudes intellectuelles, en particulier :
- aptitudes liées à l'expression orale et écrite, y compris la capacité de discuter et d'écouter, et de défendre ses opinions ;
- aptitudes faisant intervenir le jugement telles que :
  . réunir et dépouiller du matériel provenant de différentes sources y compris les médias, et savoir l'analyser pour en dégager des conclusions objectives et équilibrées ;
  . savoir reconnaître les partis pris, les préjugés, les stéréotypes et les discriminations.

II. Aptitudes sociales, en particulier :
- savoir reconnaître et accepter les différences ;
- établir avec autrui des relations constructives et non oppressives ;
- **résoudre les conflits de manière non-violente** ;
- assumer des responsabilités ;
- participer aux décisions ;
- comprendre l'utilisation des mécanismes de protection des droits de l'Homme aux niveaux local, régional, européen et mondial.

3. Connaissances à acquérir dans l'étude des droits de l'Homme

3.1 On abordera l'étude des droits de l'Homme de différentes manières selon l'âge et les particularités de l'élève, et selon les caractéristiques des établissements et du système éducatif. Les éléments devant figurer dans un apprentissage des droits de l'Homme pourraient inclure :
I. les principales catégories de droits, devoirs, obligations et responsabilités de l'Homme ;

II. les diverses formes d'injustice, d'inégalité et de discrimination y compris le sexisme et le racisme ;
III. les personnalités, les mouvements et les grands événements qui, dans l'histoire, ont marqué, avec succès ou non, la lutte constante en faveur des droits de l'Homme ;
IV. les principales déclarations et conventions internationales portant sur les droits de l'Homme, par exemple la Déclaration universelle des droits de l'Homme et la Convention européenne de sauvegarde des droits de l'Homme et des libertés fondamentales.

3.2 L'enseignement et l'apprentissage des droits de l'Homme doivent être axés sur les aspects positifs. De nombreux exemples de violation et de négation des droits de l'Homme risquant d'engendrer chez les élèves un sentiment d'impuissance et de découragement, il convient de leur montrer aussi les progrès et les succès.

3.3 L'étude des droits de l'Homme à l'école a pour objectif d'amener les élèves à comprendre et à envisager avec sympathie les notions de justice, d'égalité, de liberté, de paix, de dignité, de droits et de démocratie. Cette compréhension doit être tout à la fois intellectuelle et à base d'expériences vécues et d'affectivité. Aussi importe-t-il que les écoles offrent aux élèves les possibilités de connaître une implication affective dans les droits de l'Homme et d'exprimer leurs sentiments par le biais du théâtre, de l'art, de la musique, de la création littéraire ou des moyens audio-visuels.

4. Le climat de l'école

4.1 La démocratie s'apprend le mieux dans un contexte démocratique où la participation est encouragée, où l'on peut exprimer franchement et discuter des opinions, où la liberté d'expression est garantie aux élèves et aux maîtres et où règnent l'équité et la justice. Un climat propice est donc indispensable à l'efficacité d'un apprentissage des droits de l'Homme.

4.2 L'école devrait promouvoir la participation à ses activités des parents et d'autres membres de la collectivité. Il serait sans doute souhaitable que les établissements scolaires travaillent en liaison avec les organisations non gouvernementales qui peuvent leur fournir des informations, des études de cas et une expérience de première main concernant des campagnes réussies en faveur des droits et de la dignité de l'Homme.

4.3 Écoles et enseignants devraient s'efforcer d'adopter une attitude constructive à l'égard de tous les élèves et reconnaître l'importance de toutes les acquisitions de ces derniers tant en matière des connaissances intellectuelles que dans les domaines de l'art, de la musique, du sport et des activités pratiques.

5. Formation des enseignants

5.1 La formation initiale des enseignants devrait les préparer au rôle qu'ils seront appelés à jouer dans l'enseignement des droits de l'Homme. Les futurs enseignants devraient par exemple :
I. être incités à s'intéresser aux affaires intérieures et internationales ;
II. avoir l'occasion d'étudier ou de travailler à l'étranger ou dans un milieu différent ;
III. apprendre à discerner et à combattre toutes les formes de discrimination dans les écoles et la société, et être encouragés à affronter et à vaincre leurs propres préjugés.

5.2 Les futurs enseignants et les enseignants en exercice devraient être incités à se familiariser avec :
I. les principales déclarations et conventions internationales traitant des droits de l'Homme ;
II. le fonctionnement et les réalisations des organisations internationales qui s'occupent de la sauvegarde et du développement des droits de l'Homme, au moyen par exemple de visites et de voyages d'étude.

5.3 Tous les enseignants ont besoin, et devraient avoir la possibilité, de mettre à jour leurs connaissances et d'apprendre de nouvelles méthodes grâce à une formation continue. Celle-ci pourrait comporter l'étude de bonnes pratiques pédagogiques en matière d'enseignement des droits de l'Homme, ainsi que la mise au point de méthodes et de matériels appropriés.

6. Journée Internationale des droits de l'Homme

Les écoles et les établissements de formation d'enseignants devraient être incités à célébrer la Journée Internationale des droits de l'Homme (10 décembre).

L'Unesco et la culture de paix

• *Le Manifeste de Séville sur la violence*

En 1986, l'Unesco a mandaté un comité international de scientifiques pour étudier le phénomène de la violence. La question posée était : "la violence est-elle inhérente à la nature humaine ?". Le comité a donné le résultat de ses recherches dans un rapport intitulé "Déclaration de Séville relative à la violence" (réf. E.Dev News, Bulletin pour l'éducation et le développement, Unicef, novembre 1992).

Introduction

Croyant qu'il relève de notre responsabilité en tant que chercheurs dans diverses disciplines, d'attirer l'attention sur les activités les plus dangereuses et les plus destructrices de notre espèce, à savoir la violence et la guerre ; reconnaissant que la science est un produit de la culture qui ne peut avoir un caractère définitif englobant l'ensemble des activités humaines (...) :

NOUS, les universitaires soussignés, originaires du monde entier et appartenant à des disciplines particulièrement concernées, nous nous sommes réunis et sommes parvenus au manifeste suivant sur la violence.

Dans ce manifeste, nous contestons un certain nombre de soi-disant découvertes biologiques qui ont été utilisées par des personnes, y compris dans nos domaines respectifs, pour justifier la violence et la guerre.

Parce que l'utilisation de ces "découvertes" a créé un climat de pessimisme dans nos sociétés, nous proclamons que la dénonciation publique et réfléchie de telles manipulations constitue une contribution importante à la paix.

Le mauvais usage de faits et théories scientifiques dans le but de légitimer la violence et la guerre, sans être un phénomène nouveau, est étroitement associé à l'avènement de la science moderne. Par exemple, la théorie de l'évolution a ainsi été "utilisée" pour justifier non seulement la guerre, mais aussi le génocide, le colonialisme et l'élimination du plus faible.

Nous exprimons notre point de vue sous la forme de cinq propositions. Nous sommes parfaitement conscients que bien d'autres questions touchant à la violence et la guerre pourraient être également discutées dans le cadre de nos disciplines, mais nous en restons volontairement à ce que nous considérons une première étape essentielle.

Première proposition

Il est scientifiquement incorrect que nous ayons hérité de nos ancêtres les animaux une propension à faire la guerre. Bien que le combat soit un phénomène largement répandu au sein des espèces animales, on ne connaît que quelques cas au sein des espèces vivantes de luttes destructrices intra-espèces entre des groupes organisés. En aucun cas, elles n'impliquent le recours à des outils utilisés comme armes. Le comportement prédateur s'exerçant à l'égard d'autres espèces, comportement normal, ne peut être considéré comme équivalent de la violence intra-espèces. La guerre est un phénomène spécifiquement humain qui ne se rencontre pas chez d'autres animaux.

Le fait que la guerre ait changé de manière aussi radicale au cours des temps prouve bien qu'il s'agit d'un produit de la culture. C'est principalement au travers du langage qui rend possibles la coordination entre les groupes, la transmission de la technologie et l'utilisation des outils, que s'établit la filiation biologique de la guerre. La guerre est d'un point de vue biologique possible mais n'a pas un caractère inéluctable comme en témoignent les variations de lieu et de nature qu'elle a subi dans le temps et dans l'espace. Il existe des cultures qui depuis des siècles n'ont pas fait la guerre et d'autres qui à certaines périodes l'ont faite fréquemment puis ont vécu en paix durablement.

Deuxième proposition

Il est scientifiquement incorrect d'affirmer que la guerre ou toute autre forme de comportement violent soit génétiquement programmée dans la nature humaine. Si des gènes sont impliqués à tous les niveaux du fonctionnement du système nerveux, ils sont à la base d'un potentiel de développement qui ne se réalise que dans le cadre de l'environnement social et écologique. Si incontestablement les individus sont différemment prédisposés à subir l'empreinte de leur expérience, leurs personnalités sont néanmoins la résultante de l'interaction entre leur dotation génétique et les conditions de leur éducation. En dehors de quelques rares états pathologiques, les gènes ne conduisent pas à des individus nécessairement prédisposés à la violence. Mais le contraire est également vrai. Si les gènes sont impliqués dans nos comportements, ils ne peuvent à eux seuls les déterminer complètement.

Troisième proposition

Il est scientifiquement incorrect d'affirmer qu'au cours de l'évolution humaine une sélection s'est opérée en faveur du comportement agressif par rapport à d'autres types. Dans toutes les espèces bien étudiées, la capacité à coopérer et à accomplir des fonctions sociales adaptées à la structure d'un groupe détermine la position sociale de ses membres. Le phénomène de "dominance" implique des liens sociaux et des filiations ; il ne résulte pas de la seule possession et utilisation d'une force physique supérieure, bien qu'il mette en jeu des comportements agressifs. Lorsque, par la sélection génétique, de tels comportements ont été artificiellement créés chez des animaux, on a constaté l'apparition rapide d'individus hyperagressifs ; ceci permet de penser que dans les conditions naturelles la pression en faveur de l'agressivité n'avait pas naturellement atteint son niveau maximal. Lorsque de tels animaux hyperagressifs sont présents dans un groupe, soit ils détruisent la structure sociale, soit ils en sont éliminés. La violence n'est inscrite ni dans notre héritage évolutif ni dans nos gènes.

Quatrième proposition

Il est scientifiquement incorrect d'affirmer que les hommes ont "un cerveau violent" ; bien que nous possédions en effet l'appareil neuronal nous permettant d'agir avec violence, il n'est pas activé de manière automatique par des stimuli internes ou externes. Comme chez les primates supérieurs et contrairement aux autres animaux, les fonctions supérieures neuronales filtrent de tels stimuli avant d'y répondre ; nos comportements sont modelés par nos types de conditionnement et nos modes de socialisation. Il n'y a rien dans la physiologie neuronale qui nous contraigne à réagir violemment.

Cinquième proposition

Il est scientifiquement incorrect d'affirmer que la guerre est un phénomène instinctif ou répond à un mobile unique. L'émergence de la guerre moderne est le point final d'un parcours qui, débutant avec des facteurs émotionnels, parfois qualifiés d'instincts, a abouti à des facteurs cognitifs. En effet, la guerre moderne met en jeu l'utilisation institutionnalisée d'une part, de caractéristiques personnelles telles que l'obéissance aveugle ou l'idéalisme et, d'autre part, d'aptitudes sociales telles que le langage ; elle implique enfin des approches rationnelles telles que l'évaluation des coûts, la planification et le traitement de l'information. Les technologies de la guerre moderne ont accentué considérablement le phénomène de la violence, que ce soit au niveau de la formation des combattants ou de la préparation psychologique à la guerre des populations. Du fait de cette amplification, on a tendance à confondre les causes et les conséquences.

Conclusion

Nous proclamons en conclusion que la biologie ne condamne pas l'humanité à la guerre, que l'humanité au contraire peut se libérer d'une vision pessimiste apportée par la biologie et, ayant retrouvé sa confiance, entreprendre, [...] pour les années à venir, les transformations nécessaires de nos sociétés. Bien que cette mise en œuvre relève principalement de la responsabilité collective, elle doit se fonder aussi sur la conscience d'individus dont l'optimisme comme le pessimisme sont des facteurs essentiels. Tout comme "les guerres commencent dans l'esprit des hommes", la paix également trouve son origine dans nos esprits. La même espèce qui a inventé la guerre est également capable d'inventer la paix. La responsabilité en incombe à chacun de nous.

Les signataires : D. Adams (psychologue, Etats-Unis), S.A. Barnett (éthologue, Australie), N.P. Bechtereva (neurophysiologiste, URSS), B.- F. Carter (psychologue, Etats-Unis), J. M. R. Delgado (neurophysiologiste, Espagne), J-L. Diaz (éthologue, Mexique), A. Eliasz (psychologue, Pologne), S. Genoves (anthropologue, Mexique), B. E. Ginsburg (généticien du comportement, Etats-Unis), J. Groebel (psychologue, Allemagne), S-K. Ghosh (sociologue, Inde), R. Hinde (éthologue, Royaume-Uni), R-E. Leakey (anthropologue, Kenya), T-H. Malasi (psychiatre, Koweit), J-M. Ramirez (psychobiologiste, Espagne), F. Mayor Zaragoza (biochimiste, Espagne), D-L. Mendoza (éthologue, Espagne), A. Nandy (psychologue politique, Inde), J-P. Scott (éthologue, Etats-Unis), R. Wahlstrom (psychologue, Finlande). De nombreuses organisations ont également signé ce manifeste.

• ***Programme pour une culture de paix***

La quête de la paix qui était la motivation initiale de la création de l'UNESCO, à l'issue de la deuxième guerre mondiale, se traduit aujourd'hui par l'élaboration d'un vaste projet intitulé : "Programme d'action pour promouvoir une culture de paix". L'acte constitutif de l'organisation indique : "que, les guerres prenant naissance dans l'esprit des Hommes, c'est dans l'esprit des Hommes que doivent être élevées les défenses de la paix"...

Le rapport du Secrétaire général au Conseil de Sécurité du 17 juin 1992, intitulé "Agenda pour la paix" contient diverses recommandations sur "le moyen de renforcer la capacité de l'Organisation dans les domaines de la diplomatie préventive, du maintien et du rétablissement de la paix, et sur la façon d'accroître son efficacité, dans le cadre des dispositions de la Charte".

Quatre domaines d'action sont envisagés :

1. La diplomatie préventive : action qui a pour objet d'éviter que les différends ne surgissent entre les parties, d'empêcher s'ils existent qu'ils ne se transforment en conflit ouvert, de faire en sorte que l'éventuel conflit ne s'étende.

2. Le rétablissement de la paix : action qui vise à rapprocher des parties hostiles ;

3. Le maintien de la paix : action qui consiste à établir une présence des Nations Unies sur le terrain ;

4. La consolidation de la paix : après les conflits, action menée en vue de définir et d'étayer les structures propres à raffermir la paix afin d'éviter une reprise des hostilités.

Programme pour une culture de la paix, UNESCO, 7 place de Fontenoy 75352 Paris 07 SP
Tél. : 01 45 68 08 77. Fax : 01 47 83 68 67

Formation et recherches sur la gestion non-violente des conflits

France

• Le Cun du Larzac

Centre de formation à la non-violence et à la résolution non-violente des conflits -Recherche sur la vie communautaire – Aménagement pour une meilleure gestion des ressources naturelles – Bibliothèque de 4000 ouvrages – Accueil familial.

Le Cun du Larzac, 12100 Millau
Tél. 05 65 60 62 33 – Fax 05 65 61 33 26.

• Communautés de l'Arche

Communautés rurales, fondées par Lanza del Vasto, rassemblant des femmes et des hommes engagés par des vœux qui s'efforcent de vivre selon l'enseignement de Gandhi. Plusieurs de ces communautés proposent des formations à la non-violence :
Communauté de L'Arche, La Borie Noble, 34650 Joncels – Tél. 05 67 44 09 89.

Stages, séjours libres :
Communauté de St-Antoine-l'Abbaye, 38160 Saint-Marcellin. Tél. 04 76 36 45 52
Publication : Les Nouvelles de l'Arche.

• IFMAN

Instituts de Formation et de recherche du Mouvement pour une Alternative Non-violente (IFMAN). Objectif : la recherche et la formation à des pratiques non-violentes appropriées aux attentes professionnelles. Des éducateurs, des enseignants, des parents et des animateurs se retrouvent au sein des IFMAN pour mettre en commun leurs recherches et leurs pratiques sur la résolution non-violente des conflits.

. IFMAN- Haute-Normandie,
Centre Jacques Monod, Voie de la Ferme,
27100 Val de Reuil
Tél. 02 32 61 05 97 – Fax 02 32 61 20 78
Education à la citoyenneté, éducation à la non-violence.

. IFMAN-Grenoble, BP 3019
38816 Grenoble cedex 1
Tél. 04 76 51 16 01 (répondeur).

. IFMAN-Midi, Assou, 81430 Le Fraysse
Tél. 05 63 55 82 42.

• MAN

Mouvement pour une Alternative Non-violente,
21 ter rue Voltaire, 75011 Paris
Tél. 01 43 79 79 85 – Fax 01 43 79 32 09

Le MAN est un mouvement politique de réflexion et d'action qui se propose, d'une part, de mener une recherche théorique à partir des intuitions de la philosophie de la non-violence, des expériences historiques de lutte non-violente et de l'analyse des phénomènes sociaux et, d'autre part, d'agir par les moyens propres à la stratégie de l'action non-violente, pour construire une société de justice et de liberté. Il répond aux demandes de formation, conférences, interventions, sur la non-violence, la résolution des conflits, les questions internationales.

• MIR

Mouvement International de la Réconciliation, 68 rue de Babylone, 75007 Paris
Tél/Fax 01 47 53 84 05

Mouvement de réflexion et de formation à la non-violence en référence aux préceptes évangéliques. Il organise notamment des formations à la médiation en milieu scolaire. Publication : Les Cahiers de la Réconciliation.

• IRNC

Institut de recherche sur la Résolution Non-violente des Conflits
14 rue des Meuniers, 93100 Montreuil
Tél. 01 42 87 94 69.

Son objectif principal est d'étudier l'apport de la non-violence dans les relations internationales et notamment les possibilités d'interventions civiles dans les nouvelles formes de conflits.

• **REGC**

Réseau européen de gestion des conflits
5 villa Deloder, 75013 Paris
Tél. 01 44 24 55 18 – Fax 01 42 16 86 67

Propose des stages de formation à la gestion des conflits, à la négociation et à la médiation.

Belgique

– Université de Paix, Bd du Nord 4,
B-5000 Namur
Tél. 00 32 81 22 61 02 – Fax 00 32 81 23 18 82
Centre de formation sur la non-violence et la résolution des conflits.

– Service Mennonite de médiation,
rue Franklin 112, B-1040 Bruxelles
Tél. 00 32 27 34 81 07
Formation à la médiation.

Suisse

– Centre Martin Luther King, avenue Béthusy 56, CH-1012 Lausanne
Tél. 00 41 21 652 27 27 – Fax 00 41 21 652 39 23
Centre de documentation et d'information sur la non-violence.

– Le Louverain, CH-2206 Les Geneveys-sur-Coffrane
Tél. 00 41 38 57 16 66.

– Collectif romand de formation à la non-violence active (CFN), c/o Centre Martin Luther King, 56 avenue Béthusy, CH-1012 Lausanne
Propose des formations à la non-violence, la gestion des conflits et la médiation de quartier.

Canada

Centre de Ressources sur la non-violence, 420 Saint-Paul Est, Montréal, Québec H2Y 1H4
Tél. (514) 844 04 84 – Fax (514) 844 01 13
Centre de réflexion, d'information et de formation sur la non-violence.

Médiation

– Institut de formation à la médiation,
127 rue Notre-Dame-des-Champs
75006 Paris
Tél. 01 43 26 80 30.

– Ecole des Parents et des Educateurs
5 impasse Bon-Secours, 75011 Paris
Tél 01 43 48 00 1 6.

– Institut National d'Aide aux Victimes et de Médiation (INAVEM)
14 rue Ferrus, 75014 Paris
Tél. 01 45 88 19 00.

– Centre de médiation et de formation à la médiation (CMFM)
18 rue Tournefort, 75005 Paris
Tél. 01 43 36 70 07.

– Boutiques de droit de Lyon
45 rue Smith, 69002 Lyon
Tél. 04 78 37 29 07.

– Réseau des médiateurs associés
31 avenue de Saxe, 69006 Lyon
Tél. 04 78 24 01 37.

– Réseau des médiateurs en entreprise
17 bd de la Croix-Rousse, 69004 Lyon.

– Juristes-Solidarités
43 ter rue de la Glacière, 75013 Paris
Tél. 01 43 37 87 08.

– Comité de Liaison des associations de Contrôle Judiciaire (CLCJ)
23 rue Desfourniel, BP 38, 33023 Bordeaux Cx.
Tél 05 56 99 29 24.

– Institut Européen de Médiation Familiale, IEMF
71 rue St Jacques, 75005 Paris
Tél : 02 51 59 50 50 ou 01 44 07 22 58.

– Ateliers de formation à la médiation : Brigitte Liatard et Elisabeth Diaz c/o MIR, 68 rue de Babylone, 75007 Paris. Tél/Fax 01 47 53 84 05.

Non-Violence Actualité

NVA est une association dont l'objectif est de promouvoir l'approche non-violente des conflits. Elle contribue à faire connaître les mécanismes de la violence et les moyens possibles pour y faire face.

Non-Violence Actualité édite une revue mensuelle d'information et de réflexion sur la résolution non-violente des conflits en France et dans le monde. Développant des rubriques aussi bien sur les conflits interpersonnels que sociaux ou internationaux, la revue NVA (Non-Violence Actualité) propose un autre regard sur l'actualité. Un outil indispensable à toute personne désireuse de trouver des éléments de solution aux problèmes d'aujourd'hui, non seulement dans sa vie personnelle mais aussi dans la vie sociale et les relations internationales. Exemplaire gratuit de la revue sur simple demande.

Non-Violence Actualité édite également des dossiers sur différents thèmes :

- *La médiation* est l'intervention d'une tierce personne pour établir, ou rétablir, la communication entre des personnes ou des groupes en conflit. Ouvrage avec nombreux exemples.
- *Pour une éducation non-violente.* L'enjeu d'une telle éducation est d'apprendre à l'enfant à résoudre les conflits auxquels il est confronté dès son plus jeune âge. Perspectives politiques et sociales d'un projet éducatif.
- *Jeux et violences, jeux agressifs et jeux coopératifs.* Rôle de la violence dans les jeux, débat sur les jouets guerriers.
- *L'action non-violente.* Pour comprendre la pratique de l'action non-violente, avec fiches techniques et exemples.
- *Résistances civiles, les leçons de l'Histoire.* Présentation d'une vingtaine de cas où des populations ont défendu leur liberté sans avoir recours aux armes.
- *Jacques de Bollardière, compagnon de toutes les libérations.* Un itinéraire original, de l'armée à la non-violence.
- *Gandhi, artisan de la non-violence.* Les actions et les idées du combattant non-violent pour l'indépendance de l'Inde.
- *Martin Luther King.* L'histoire de l'une des grandes figures de la lutte des Noirs américains contre la ségrégation raciale.

NVA diffuse des livres sur les conflits, l'éducation, la non-violence, ainsi que des jeux coopératifs qui apprennent la solidarité plutôt que la concurrence agressive. Fichiers de jeux de groupes. Jeux de société pour tous âges à partir de 3 ans.

Catalogue complet à NVA, BP 241, 45202 Montargis cedex

Tél. 02 38 93 67 22 – Télécopie 02 38 93 74 72

Chez le même éditeur

136 p. *L'essentiel*

Ce livre montre comment conduire des animations dynamiques avec le jeu en classe ou lors d'activités extrascolaires, socioculturelles. Il donne des explications précises pour réaliser 10 jeux, dont 9 sont inédits et des repères pour créer, gérer une maison des jeux, une ludothèque.

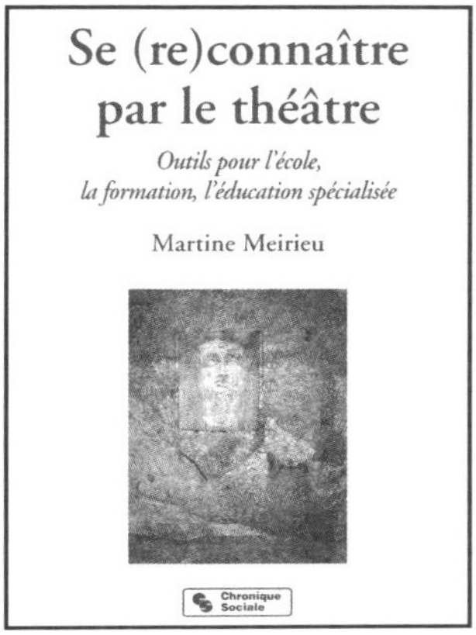

134 p. *L'essentiel*

L'expression théâtrale permet l'émergence d'un sujet car elle fait jaillir ce qui est au plus profond de chacun. L'auteur présente des expériences, des outils qui permettent aux enseignants et aux formateurs de mettre en place des stratégies d'éducation à la citoyenneté par la pratique de l'expression théâtrale.

320 p. *L'essentiel*

Comment construire des logiques de réussite dans une société devenue une machine à exclure ? Comment créer les conditions du développement de l'esprit critique et créatif ? Ce livre propose des pistes de reflexions et présente des initiatives et actions de terrains conduites dans l'école et la cité. Des perspectives concrètes contre l'échec scolaire et la ségrégation.

Ces ouvrages s'appuient sur une importante recherche documentaire et des expériences menées avec des groupes d'enfants de 4 à 12 ans.
Il sont présentés sous forme de fiches avec des exercices adaptés aux enfants.

152 p. *L'essentiel*

Il traite de la non-violence, de la résolution des conflits, de la paix, de la coopération et de l'aide au développement.

152 p. *L'essentiel*

Il traite des droits de l'homme et de l'enfant, de l'affirmation de soi et des autres et de la connaissance des différences culturelles.

176 p. *L'essentiel*

Cet ouvrage fournit une méthodologie concrète pour renforcer la prise de responsabilité. Il propose 12 portes d'entrée pour une mise en place en groupe, 32 fiches d'activités, 12 documents pour les éducateurs.

128 p. *L'essentiel*

Comment apprend-on ? Toutes les méthodes se valent-elles ? Que peut-on enseigner ? Une présentation détaillée des idées sur l'éducation et l'apprentissage. Une bibliographie importante et complète pour aller plus loin.

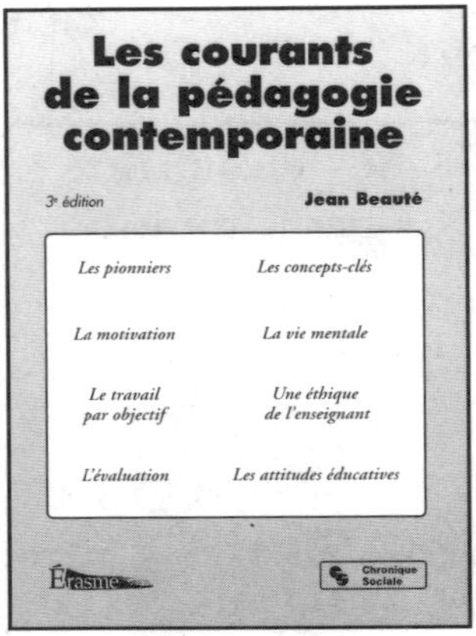

192 p. - 3e éd. *L'essentiel*

Cet ouvrage clarifie les concepts liés à la pédagogie et à la formation. Il présente les fondateurs de la pédagogie et leurs idées clés et synthétise les repères nécessaires pour élaborer une démarche éducative.

240 p. *Synthèse*

Prendre connaissance des grands courants éducatifs grâce à une synthèse des réflexions et innovations qui inspirent actuellement les théoriciens de la pédagogie. Face aux problèmes rencontrés, quelles solutions éducatives mettre en œuvre ?

168 p. - 3e éd. *Synthèse*

Comprendre ce que recouvre la notion d'autonomie tant au niveau psychique, affectif qu'intellectuel ; cerner la nécessité de favoriser la socialisation pour renforcer un équilibre personnel et une cohérence de vie.

112 p. *L'essentiel*

Cet ouvrage, écrit par l'un des spécialistes de la pédagogie, propose des réponses concrètes pour mieux apprendre, mieux comprendre et pour créer, dans le cadre d'une relation éducative valorisant la coopération entre élèves.

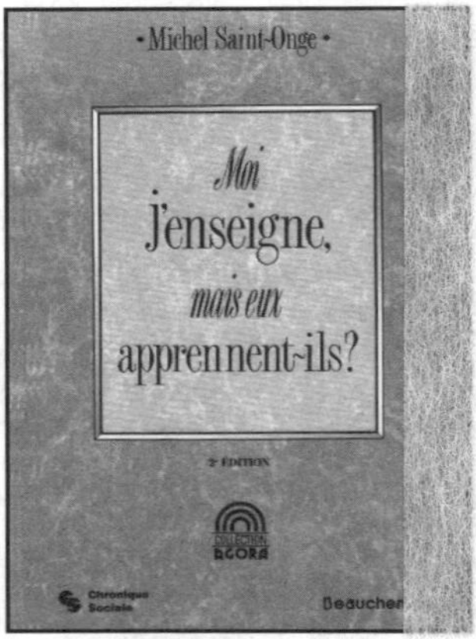

144 p. - 3e éd. *L'essentiel*

Enseigner ce n'est pas seulement donner des cours. Face à la complexité des apprentissages, ce livre apporte des éléments concrets pour établir une rélation pédagogique efficace. Les enseignants trouveront en ce livre un outil pratique.

Achevé d'imprimer en France en Février 1999 - N° d'impression 1302

iml

Imprimerie des Monts du Lyonnais - Les Plaines - 69850 Saint-Martin-en-Haut